隐于市

谈资 主编

成都时代出版社
CHENGDU TIMES PRESS

序 *PREFACE*

谢谢你们年轻的眼睛和心

/ 潘媛

一个周末，我穿越不断发胖的城市，沿着天府大道往南，抵达湖边的 A4 美术馆，去听学者葛剑雄讲"移民与城市文化"。

葛老的理论一言以蔽之，人口是文化最活跃的载体。不断建造的楼宇，不断涌入的人口，在他看来，如今的成都已经面貌全新。"新成都不仅仅只有火锅、小吃、美女、休闲生活，还有拐着腔说自己是成都人的新成都人。"

在那次讲座上，我很自然地想到我们做过的一期选题——关于新成都人。推文的开头写道：你觉不觉得"我们"这两个字有点甜？"我们娃娃就是不爱吃菜叶子""我们珍珠今天又把家里沙发抠了两个洞洞"，一个东西前面加上"我们"，就有一种占有和归属感。

成都软绵又博大，是包容性和吸附性都很强的城市。在这儿待久了，不是成都土著也会脱口而出"我们成都……"。这些朋友，我们就称为"新成都人"。

在这篇推文下面，上百条留言讲述了自己来成都多久以后，在哪一个瞬间，嘴里的"你们成都"，自然而然地变成了"我们成都"。

老实说，这些故事，真的看得我们眼流花儿包起——"眼流花儿包起"，这个说法本身就很成都，一点柔软，半分调侃，把表露感情的事情说得举重若轻——因为我们自己大部分就是这样的"新成都人"。团队中更大比例的年轻人是来自成都以外的小孩。他们有的在成都读完大学，留了下来；有的因为路过成都喜欢成都，留了下来；有的因为恋爱，哪怕是后来分开，也留了下来。

所以，他们观察成都，用的是"新成都人"的眼睛。这是一种杂糅的感觉：比土著更好奇，比过客更持久；对旧的不准备排斥，对新的有认同感。

而我在观察他们。我得到的最重要的结论是：这或许是一个前所未有的壮阔时代，但每个人（个体）却变得更重要。

跟我一起工作的年轻人喜欢从更小的切口进入城市生活：比如成都人回答不起问题的时候一般都说啥子，为什么说每个小区门口都有碗全成都最好吃的素椒炸酱面……他们找火锅店的排号员和全兴队的守门大爷打听江湖故事。在菜市场他们发现，别人买菜就买菜，成都人还要顺带捏把花回家。同时，没有一个婆婆、爷爷的黄桷兰、鸡毛毽子、煮花生会滞销。

他们带着新的眼光去重新发现更为复杂的长顺街、致民路、华兴街。30 平方米、不当街，他们记录了很多这样小而美的店，也找到深藏在城市褶皱里的、卖了 28 年的盒饭和 33 年的拌菜。

这样的观察还具有持续性，比如有一天，他们找了两个街娃，把保利中心从一楼到二十一楼喝穿了，喝到无楼可攀为止。后来酒吧从魔方大厦里撤退了，他们又做了一期《保利，散场》。

有时候这些观察会被物化、存留，反向成为城市的一景、被观察的对象。年轻人发现，当代都市里，集体微醺成了一种表达亲热、寻找同类的方式，于是诞生了《我，一个沉迷于微醺的成都人》《夏天常常喝断片，忧愁都消化在尿里了》。还有，在每一个流连过的酒吧厕所里自拍，竟然也成为一期大受欢迎的选题。他们乘兴做了一张酒吧地图，把成都几百家 Club、Pub、Bar、精酿馆分类整理集册，叫作《断片指南》。

紧接着，在著名的玉林西路，我的年轻的同事们操办了一个快闪展。两间十几平方米的小铺面，一间装酒后故事，一间卖酒。

谢谢玉林西路的街沿那么阔，那夜的风那么凉。前前后后一两百号人，大家都站在人行道上说话喝酒，摇着"喝酒去"的扇子，穿着"成都市内没醉过"的T恤，举着一次性塑料酒杯，聊天聊到断片，喝酒喝到眉来眼去。我们把捡来的一张按摩床放在路边，谁累了，谁就过去靠一会儿。

今年，这个动作被持续下去，新一场断片展被搬到了长顺街附近的一个老街区里。

从玉林西路到长顺街，这样的选择有点出人意料。关于这座城市古旧的肌理，年轻人似乎有一种特别的兴致。每周，1994年出生的彭何，会去城市里某个被人忽略或者遗忘的角落，走走停停，观察人，发现故事。他的行走催生了专栏"乱逛"。"逛"这个动词本身，有一种晃晃悠悠的旧日气息。时光急，但彭何不急。

同时，他们乐于寻找这个城市里崭新的基因。在接触过好几个年轻团队之后，诞生了一个新的系列报道，叫作"了不起的_____"

这些了不起的年轻人，在成都设计出了漂亮的空间，拍出了漂亮的照片，画出了漂亮的插画，让这座城市有了惊喜，变得好看。最了不起的是他们都是1990年到1995年生人，领头的几乎都不足28岁。28岁，已经三头六臂，独当一面。而我们这个编辑团队，平均年龄也差不多是28岁。

在三年的时间里，年轻人就这样兴致盎然地寻找了上千个故事、话题、人。

三年后，一种新的野心被偶然催生。

熟悉微信生态和阅读习惯的人都知道，一篇公众号推文，最强的生命力在24小时之内，普通的传播周期是三天，在公司内部，考核一篇稿件的传播数据，7天截止。

然而，一篇《豌豆尖统治四川的盛世又到了》，在距离第一次传播差不多一年以后，仍然有人在后台留言——来自海外。为什么不把它留存下来？既然有这样的生命力在。

值得印刷，值得售卖，值得被油墨留存，值得被指尖摩挲。

关于成都，已经有了很多书，却难见一本可以做到：属性年轻，目光新鲜，立足当下，切口入微，维度丰富。

我们希望"@ 成都"能够做到。一个系列，五本书，从街区、人、城市性格、城市记忆等维度，整理集纳了谈资旗下公众号"成都 Big 榜"三年多以来创作的超过 100 篇、总计 30 万字的原创推文。@，表示基于互联网社交创作和传播的城市观察。同时，@ 也是 at，在某处，表示这样的观察位于成都。

@ 成都的观察还在继续。

新来的小孩丁赫，凌晨五点扛着四个从宜家买来的垃圾桶，去人来人往的春熙路收垃圾。几个小时里，他完成了一场以垃圾分类而起意的社会观察。

彭何仍然在走。他从社科院的大门出发，沿着一环路向右，沿着锦江河道再到武侯祠大街，经过要都、锦里、体院，在成都的电子地图上走出了一颗心。

吴逸韵去医学美容医院的大厅坐了一下午；丁赫发现从天府广场地铁站到地面，有至少 56 种方法；贾茹在毕业季收集了 40 年里 65 张成都人的毕业照；李佳蓓执行完"早餐四川"，正在策划基于公交、茶馆、美甲店的"窃听城市"行动。

三年再三年。城市生长，他们也在生长。

谢谢李佳蓓、康筱韵、彭何、胡琴、贾茹、吕美真、陈修易、蒋佳芯、雷曜维、吴逸韵、丁赫、陈梦奇。每一个在成都 Big 榜的后台驻留过的人，或短或长。谢谢你们年轻的名字，谢谢你们年轻的眼睛和心。

2019 年 7 月于成都书院西街 TZ

- 《横看竖看》

- 《脾气》

- 《小隐于市》

- 《乱逛》

- 《那二年辰》

《小隐于市》

每座城市里都藏了一些闪光的人。

菜市场里那个粗声大气的大妈可能是个心算高手，小区楼下那个手脚麻利的锅盔摊儿老板没准是个古筝大师，紧邻太古里的老居民楼里藏着身怀绝技的按摩师 professional Mr. Zhang，在 3 平方米的店里悠然自得地卖了 33 年凉拌菜的孃孃，以一己之力把废弃的化工厂改造成一座戏剧乌托邦的戏痴……

记录城市，就无法回避记录城市里的人。而记录城市里的人，往往是记录者最有意外之喜的一个部分——拨开城市，看到这些人身上的微光，拥抱庸庸碌碌的日子。

记录的过程就是在感知这份欢喜。听成都人的活法，摆成都人的故事，用年轻的脚步和新鲜的好奇心。

打了一上午锅盔，她灭了烟，
洗了手，坐下来弹古筝

P1

文 / 李佳蓓

她在街头歌唱，她在菜场
奔忙，她在书房发光

P13

文 / 李佳蓓

太古里之外一公里，张师
professional massage 魔幻又现实

P8

文 / 彭何

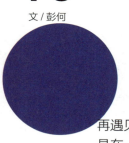

再遇见的哥车神，
是在一间蹄花儿店

P18

文 / 李佳蓓

西北中学的娃儿些，哪个没吃过
"董事长"弄的铁门串串？

P24

文 / 李佳蓓

有人在 3 平方米的店里
卖了 33 年凉拌菜

P29

文 / 李佳蓓

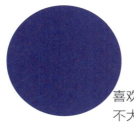

喜欢这家只有 80 平方米的书店，
不大，但自由

P34

文 / 李佳蓓

每晚酒尽人散，这个串串儿老板
开始趴在桌上书写人生

P39

文 / 李佳蓓

30 年前是化工厂，
30 年后是戏剧乌托邦

P45

文 / 彭何

目
录

CONTENTS

她家的盒饭一卖就是 28 年，
嚯，不晓得好凶！

P54

文 / 郑莹　范珊

颠锅炒肉，半辈子的痴
换来一个私人博物馆

P60

文 / 彭何

她把桃子枇杷蜜橘栀子香茅茉莉……
和阴天一起酿成酒

P67

文 / 蒋佳芯

这家店没有门，
却叫众妙之门

P73

文 / 吕美真

每个古村落都是复制粘贴吗？
跟着他去了才知道

P80

文 / 李佳蓓

没味觉的调酒师给我
调了一杯超有味的酒

P86

文 / 吴逸韵

他在理工大打锅盔
P91
文 / 胡琴

她的确是炸了 7 年
土豆的女人
P97
文 / 胡琴

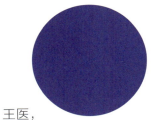

王医，
四川足球 20 年来绕不过的人
P102
文 / 彭何

和一个始于 1988 的烧烤摊摊闲聊
P108
文 / 李佳蓓

庆云北街，搞艺术的蘑菇
头小哥哥烤起了蛋烘糕
P113
文 / 雷曜维

青年网红作家 MC 拳王的前半生

P118

文 / 李佳蓓

青铜煎茶煮水，青椒皮蛋下面，
这位先生妙不可言

P123

文 / 李佳蓓

一锅热卤，咕嘟咕嘟烫热了
不痛快的日子

P130

文 / 李佳蓓

她把一座破旧老楼，改造成
春有百花秋有月的世外桃源

P136

文 / 李佳蓓

一位 90 岁妈妈和她
60 岁儿子的日常对话

P143

文 / 李佳蓓

西大街 97 号，省歌里外的两重天
P149
文 / 彭何

啊，这个悟空，
喜欢喜欢喜欢
P160
文 / 胡琴

大学路一号院改造事件
P163
文 / 康筱韵

来，认识一下这个画娃娃儿的
P169
文 / 康筱韵

● 打了一上午锅盔，她灭了烟，洗了手，坐下来弹古筝

DA LE YI SHANGWU GUOKUI，TA MIE LE YAN，
XI LE SHOU，ZUOXIALAI TAN GUZHENG

/ 李佳蓓

春日午后，你随便拐进玉林一条五尺宽巷子，就有可能遭遇一段快意人生，是自己的，也是别人的。

午后的玉林，车不多，旁边是一个个 20 世纪 80 年代建的老小区。拐向玉林菜市，市井气息更浓，有牵着精蹦蹦小狗拎着菜的姆姆正在往回走。有条巷子像任何一条巷子一样，阴凉处躲着几个水果摊儿，从苹果摊儿旁边穿过，往深里走是个南充锅盔摊儿。

早已过了饭点，但树荫下零星摆的几张桌子都围满了人，有的在等吃完的人起身，有的守在锅边，直愣愣地望着。

打锅盔的老板短发微胖，红发卡别着刘海儿，有点不拘小节，一站到锅边，她抬头看你一眼，轻轻一笑点个头，眼里有光，像跟你自来熟似的。我问前面还有几个，她回：要等半个小时左右，可以先找个位子坐着。话间透着股爽利劲儿。

说着，她熟练地捏面、擀面，白面热锅无油一焙，打下一个，边打边在锅上用手翻上一个，待一个打好，左手抽锅，右手持夹，左手回抽，右手前伸把锅盔放入烤炉，再快速反转炉边已鼓的饼皮，行云流水。

待锅盔从炉子里夹出，旁边的红寸头孃孃就开始拌菜。旋子凉粉、三丝、猪耳朵、猪皮，现拌现灌，葱蒜一撒，红油一淋，迅速搅打拌匀。而后，筷子顺着饼口一撑——能马上听到如脆纸般的声音，挑起拌菜就往饼里灌，直到塞满，一个胖嘟嘟、爆开合不了口的南充锅盔就递到了你面前。

根本接不住，太烫了，太烫了，只能用指尖夹住饼边。

开吃，一口咬下烫嘴的饼皮，那脆声，简直给口腔闯开了一条路。等了那么久，不负众望，酥脆到极点的方锅盔，夹着满得快要溢出来的软糯凉粉，外酥、内软，外烫、内凉，外香、内鲜。

注意，吃南充锅盔的正确姿势是要腿微微张开，身体往前倾，低头猛吃。不要说话，不要开小差，因为一不小心红油就要流出来。

凉粉馅儿的锅盔才咬了两口，同行的人都疯了，此起彼伏地喊下一个，三丝、三丝加凉粉、猪耳朵、猪皮……三丝加凉粉，凉粉滑、三丝脆，一口下去饼皮碎裂，红油顺着裂缝流出，根本停不下来。

荤菜都是与三丝同拌，还夹了花生米，猪耳朵、花生、三丝、饼皮，四脆齐发，这种咀嚼的感觉前所未有。

至于猪皮，感觉差那么一点点，猪皮太强劲，不能一口咬断，以至于牙齿咬外壳发出的咔嚓声半路就被猪皮截胡了……

2 点半，打完最后 20 多个锅盔，又烤了几个白面饼放在玻璃柜里，老板儿才终于歇了口气。端起老式玻璃瓶水杯，猛灌了几口，豪气地说，今天打了 6 个半小时的锅盔，一口水都没喝，早饭都还没吃。

红寸头孃孃下了两碗面，用钵钵端出上午拌菜剩的花生米，开了一瓶啤酒。短发老板抽出一根烟，开始看微信上的订单。红寸头孃孃边吃花生米，边喝啤酒，她是短发老板的妈妈。两母女头发一个比一个短，此刻享受着短暂的午休时刻。这样左手弹烟、右手喝酒的两母女看起来有种江湖气。

生于 1987 年的老板儿，想不到打锅盔之前是做资产管理的，家中不说颇富，也算中产。喜欢吃的她，在成都生活多年，从未找到过能与家乡媲美的锅盔，让朋友从南充带，一到成都就变味儿了。

5 年前，她突然想开个锅盔摊儿，全家反对，大部分人都是三个字——看不起。朋友们说：你耍起不比去烤锅盔好啊。她不赞同，有多丢人啊？

不做事别人却看得下去，做锅盔还要被嘲笑？！

她找到南充当地的老师傅开始学习，在不同的师傅那儿各学了几个月。一开始师傅根本不准她动面，先刮两个月旋子凉粉，两个月只学这一个动作。刮凉粉这个动作看似简单，但要刮得好，刮得匀称还得靠练。

终于开始学打锅盔了，揉面、擀面，起初，每天整个手掌都是青的，疼得拿不起擀面杖，但疼麻木了又接着擀。老师傅下锅盔都是用手，手在锅上直接翻面，刚出炉的白饼也要趁热手拿着灌菜。一开始她怕烫，缩手缩脚，锅盔烫得拿不住，到现在，她笑谈，手已经烫熟了。

她伸出来手来，叹息，以前多嫩多白，现在皮糙肉厚，右手的食指和无名指上有两个厚茧，全是这四年来拌菜拿筷子磨的。

一开始红发寸头孃孃，好面子，觉得自己女儿烤锅盔丢脸，不愿意帮忙，从打锅盔到拌菜都是老板儿一人。到后来实在心疼女儿，才开始帮忙。喝完酒的她，又开始忙碌起来，叼起烟开始酥花生米，锅里噼里啪啦一阵，那香穿透整条街。

店里，大到主食米粉、凉粉、饼皮的面，小到酥花生米、炼红油、腌酸菜都是她负责，她说客人吃啥我们就吃啥，剩的我们就吃了，材料绝对资格。

米粉味道虽然不重口，但是汤鲜，配上自制酸菜，爽口开胃。汤底都是用棒子骨熬，如果有孕妇、老人，就把里面的肉捞给他们。

忙到差不多了，烟一灭，老板搬出古筝放到灶边，洗手后开始抚琴。

古筝是老板最爱的乐器之一，一直想学，但是每天打锅盔根本没有时间去学。正好有个老买主就是古筝老师，时间久了就成了朋友，老师到锅盔摊儿来教。每天打完锅盔，她就利用空档抚琴。原本带茧拌菜的右手，绑上义甲拨弦。

左手的围墙里传出山呼海啸的麻将声，右边的水果摊儿上正在讨价还价，头上的树叶沙沙作响，身旁运货的三轮车、电瓶车急刹尖锐刺耳，所有的杂乱都在屏息静气拨弹的指尖被化解。

此刻，此巷，她就是女王。

我问，你不累么？

她说，打锅盔就是我的爱好，弹琴也是我喜欢的，怎么会累。

她身上似乎有一股劲儿，这劲儿冲破了我们自以为是的成功标准，"猫"在小巷中过得自在又酣畅淋漓。🆃🆉

● 太古里之外一公里，
张师 professional massage 魔幻又现实

TAIGULI ZHIWAI YIGONGLI,
ZHANGSHI PROFESSIONAL MASSAGE MOHUAN YOU XIANSHI

/ 彭何

永远车水马龙的红星路背后是一条叫惜字宫南街的小马路，匆匆路过，其实很容易就把街口张师的按摩店给错过。类似西红柿炒鸡蛋色系的招牌，普通；带不锈钢防护栏蓝色玻璃的窗户，贴着"理疗、按摩、浴足"几项主要业务，也普通。

直到有一天路过，眼睛东瞟西瞟，瞅见招牌中文下方那一行英文，乐了。

"Mr zhang's professional massage"。

20 年老店的字样和 international 的英文，魔幻又现实，一公里之外就是 fashion 的太古里，张师专业按摩店，其实也没那么格格不入。

像大多数临街、社区中的小店一样，张师的按摩店也是在老式小区临街一侧开了道狭小的门。起球发毛的窗帘随意挽起，让自然光照进来。一个衣着日常的中年妇女刚刚给一位女士按到手的位置。

空闲的男人便是张师，他身体微胖，剪着每个中年人都爱的平头，藏青色的衬衫扎进皮带里。他们两口子，一看就朴实面善，让人安心。张师老婆招呼过我们之后，他也转过身来，简短地用四川话再确认一遍，"按摩哇。"

躺好，问清哪里不太舒服，张师便挪动着开始准备。全身按摩，从头到脚，完了再翻另一面。没有额外的工具，全靠掌握的力道和对穴位的熟悉，稍微粗糙的手在头部的几个穴位来回一遍，便已经觉得开始发热，舒坦。手指响动，肩胛骨也响动，通畅活泛了。

如果不提前打招呼，张师的力道习惯性地偏大，外国人进来体验，经常都被按得嗷嗷叫。一阵阵地叫，张师两口子就抱歉地笑，外国朋友也笑。

按摩完，如果老外会中文，几人便又边笑边东拉西扯。外国人评价成都人很热情、很友善……而他们两口子也觉得外国人很有意思。

胖乎乎的非洲朋友进来，按摩时候费的劲儿自然比普通人要多。回忆起，老两口便又自然而然地笑，一点没有不耐烦和嫌弃，顺势张师从手机里翻出一张照片炫耀，"看，两个荷兰人。"

前些年有瑞典男女进店，直接指着价目表，要一项一项地体验，"每样都搞焦了，过两天，他们又来喊我们按。"有钱赚就开心。

店招和价目表上的英文，就是为了方便老外进来体验。天涯石一位经常光顾小店的英语老师听说他们时不时有老外来光顾，主动出主意，并给他翻译了一整套的英文店名、项目名称。

之前没有英文，来了四个外国人，他们又不会讲一丁点儿中文，幸亏当时在场的一个小伙子会英文，才弄明白他们是要洗脚。"然后我们就给他们洗脚。"

张师的眼睛不好，左眼在四五岁的时候因为发烧而失明，幸好还有一只眼睛将就着能用。今年已经 51 岁的他大名叫张献华。之前他一直在外漂泊。

张师先在昆明做木工、当建筑工人，后来又去山西挖了四个月的煤。87 米深的圆井，坐绞车下去，觉得危险系数高了，便又跑去杭州的钢制厂打工。开始学按摩是在 1999 年的正月初八，那年已经 32 岁的他经朋友介绍到提督街的光明按摩学校，跟着校长刘进瑞学习按摩，正式走上按摩的道路。

学成之后，他帮人干，也自己开店，那阵按摩一次全身 10 块钱，一个月能挣 500 块，勉强养家糊口。新南路川粮宾馆对面的铺子拆迁之后才搬到现在的位置。一套二的房子，房东是位医生，待他们极好。白天客人躺在按摩床上理疗；晚上他和老婆就住在店里，将就睡在狭窄的床上。"习惯了就不得摔下去。"

无论冬夏，每天七点过就醒了，有生意就做，服务十几个人。一直开到晚上 12 点过，"有次都整到了凌晨两点。"

"我们运气不好，前几年新南门铺子附近修路，影响了生意。"那两三年下来，没挣钱，反倒亏了一万多，时不时还被进店的客人顺走钱包、手机，张师的体重也从 120 斤降到 110 斤，"思想上很悲观。"

大概，只有外表稍微富态，才能传递日子过得算好的信息吧。还好，周围有不少久坐办公室、潜在的按摩人群，他们都成了张师的常客。

近些年地铁 4 号线开通，其他地方来的客人也增加了不少。西成高铁开通，甚至还来了不少西安的客人，一切趋好，张师又胖回来了。在女婿的帮助下，他们在网上挂了按摩店的信息，点开"总府路张师专业按摩"，超过 300 条留言，其中一个这样写道："两夫妻简直不要太随和。唠家常，还留你吃饭。"

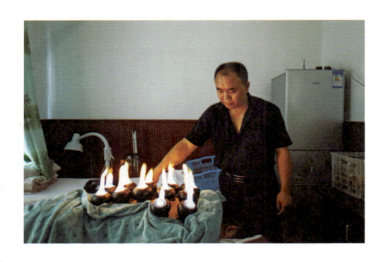

认真和亲切，使得客人一拨又一拨。众多的回头客，"总是我们记不住客人，客人却总能记住我们。"

"张师，你还记得到我不？"

"你是……"

"我是哈尔滨的啊，去年来成都参加糖酒会的时候来过，今年又来了。"

"哦，想起了，想起了。"

……

又是一阵夹杂着一见如故、爽朗而朴实真诚的笑声。 🔳

● 她在街头歌唱，她在菜场奔忙，
　她在书房发光

TA ZAI JIETOU GECHANG，TA ZAI CAICHANG BENMANG，
TA ZAI SHUFANG FAGUANG

/ 李佳蓓

春熙路熙来攘往，一小撮路人围成了一个小圈，在驻足聆听。主唱声音轻快活跃，引得旁边的孩子们都窜到圈子中间蹦跶起来。正在表演的是刚刚获得"街头艺人"许可的"快乐的孩子爱歌唱"乐队。

这是他们在街头的第一场表演，乐队四人都穿着好看的蓝染 T 恤，吉他的伴奏时而柔美时而高亢，主唱的歌声时而嘹亮时而婉转，让圈子慢慢越围越大……这个声音穿透力极强的主唱正是现任美国驻成都总领事馆总领事的夫人，一个热爱美食的人类学家、两个孩子的妈妈，也是一个能量满满的可爱女人，名叫庄祖宜。

见到她时，是在午后的宽巷子，楼下熙熙攘攘，二楼的三川九味川菜体验馆里，大家的焦点都集中在这个穿蓝布旗袍的女人身上。这个看起来薄薄的女人正拿着一把亮晃晃的大菜刀专注地切姜丝，切完放到碗里，手指的缝隙中还残留了两根，她放到嘴里美滋滋地嚼起来，说："有点辣啊。"

接着把榨菜切丁，剁细之后放入碗中，帮厨递过来的碗刚洗过，她看了一眼，说："不行不行，麻烦拿个纸再擦下，不能有水。"榨菜切完放下刀后，她发现菜板的侧边撒落了几颗，又赶紧拿厨房纸把台面擦得干干净净。

备完菜，祖宜的朋友已经陆陆续续来了，她热情地与大家寒暄，拥抱，招呼大家随意入座，声音温柔有力，没有台湾腔的嗲，而是很亮。

这是庄祖宜来成都的第八个月，她特地请朋友来做了一个茶话会，并亲手为大家制作了鲑鱼茶泡饭和竹叶青虾仁，以表谢意。作为一个 12 年搬了 7 次家的外交官夫人，在"漂泊"日子里最期待的事就是能有机会搬来成都。因为她的外婆是成都人，外公是重庆万县人，川菜在她的味蕾里留下了深深的印记，所以她一直希望老公能够申请驻扎成都。

这一天她等了很多年，3 年前她得知要来成都时，按捺不住兴奋了很久。她终于踏上了这块"麻辣鲜香"的土地，用她的话说，"成都美好到各方面都超出了预期。"她把微博里粉丝给她推荐的美食，认真地记录了下来，列出一个清单放在手机里，挑时间到大街小巷挨个去吃。

也常常走路半小时去逛玉林菜市场，并赞叹："如此干净又种类齐全的菜场。"

除了认真吃，还认真做。找阿姨学习泡四川泡菜，并在窗边摆了一排泡菜坛子；跟着视频自己研究川味"牛肉焦饼"，早餐常常会给自己做一份四川口味的红油水饺、蛋烘糕。

因为懂得因时而食，她对每一种当季的菜都很珍视。冬天的时候，她把大颗的芥菜晒满窗台，用来泡酸菜。春天的时候，听老师傅说成都的芦笋二三月最好，就赶快跑出去买芦笋回来清炒，削下来的芦笋皮再烘干泡茶。

趁着春茶下来了，她又特地邀来成都认识的朋友，为大家做两道茶膳。这次茶话会来的人都是成都餐饮圈小有名气的川菜大师、甜品店老板、法餐厅主厨等，但最特别的是一位粉丝和一个乐队。

从这位粉丝的口中得知，因为看祖宜的书跟着做菜帮助她度过了一段很艰难的时光，所以她常常给祖宜写信、在微博互动，没想到和祖宜成了朋友，还被祖宜邀请来参加茶话会……讲述这一段时小粉丝无比激动。

另一个颇有趣的是乐队。祖宜爱唱歌，当她在成都遇到同样爱音乐的两个朋友时，就一拍即合组了一个乐队，并给这个乐队起了个很欢快的名字——"快乐的孩子爱唱歌"。介绍到乐队时，祖宜特地分享了乐队去选街头艺人的经过，一脸兴奋。

说着她就和乐手们为在场的朋友唱了两曲，歌声又清又亮，身后的背景是浓密的梧桐在阳光下绿闪闪的，这一幕让大家纷纷掏出了手机。唱到《茉莉花》时，声音如风一般，吹过之处，大家跟着音乐的律动哼了起来，有光有曲，这种久违的感动，像回到了童年的午后。

茶话会完，人还未散，她拿起一堆新书，跑到角落里随意地坐在台阶上开始写字，写完恭恭敬敬地弯腰递给每一个朋友。对于大家的合影她也来者不拒，甚至主动送给小粉丝一个大大的拥抱。

她让我看到一个女人可以活得如此潇洒尽兴。

她是成都的粉丝，也是很多人的偶像；是领事夫人，也是街头艺人；是美食家，也是厨师；是台湾人，也是成都人。无论她是什么身份，都是那么的投入，那么的快乐。▧

● 再遇见的哥车神，
是在一间蹄花儿店

ZAI YUJIAN DEGE CHESHEN,
SHI ZAI YIJIAN TIHUAERDIAN

/ 李佳蓓

5 年前，成都有个"的哥车神"，很火。在被乘客偷拍的一段视频里他金句不断，"法拉利都飙过。成都的哥里面，我数二，没得人敢数一。"

乘客："你为啥不去跑金港（赛道）？"

的哥："没得意思，都是讨口子娃娃在里面跑圈圈，没得意思。"

乘客："师傅，刚才红灯你咋不停呢？"

的哥："飞机在天上飞得不得停嘛？"

这不就是成都人常说的"弹崩子"吗？他因此一炮走红，但是随之而来的是接受警方调查，被处以 15 日行政拘留，然后就此销声匿迹。这年头昙花一现的网红太多了，就像一滴水，刚刚溅出了点水花，就迅速被水面吞噬。

但没想到，5 年后，他又出现了，以厨师的角色。

跟"车神"见面那天，正好降温，风很大，在路上先把他的视频翻出来看了一下，"神""搞笑"这是大家对他的印象，生动的语言和复古的发型让人想起《疯狂的石头》里的黄渤。

车拐到十陵附近的一个安置小区楼下，饭点刚过，楼下的一排馆子很是清冷。刚下车，"车神"就迎面走来，白发明显，身材微胖，和视频里面简直判若两人，5 年时间让他沧桑了不少。

他穿了一件亮蓝的衬衣，很扎眼，外面是一件灯芯绒的紫色外套，上面印满了 5 号字体大小的香奈儿标志，脚下是双黑色的运动鞋。落座之后，他点了一支烟，开始聊起来。

本以为他要像 5 年前视频中那样"满嘴跑火车"地讲下他这几年的经历，结果就一个字：耍。在奔四的这 5 年，他什么都没干，就在家里耍，"思考人生嘛，不知道要做什么"，后来觉得总不能一直靠父母，做餐饮的门槛最低，于是在一个月前盘下了这家面铺决定卖蹄花儿和小龙虾。

"我以前职高就是学的厨师，加上有点天赋，……像我这种小学文凭能干啥嘛？"说着，他特地端了一碗蹄花儿出来，肥嘟嘟的蹄花儿上撒的鸡精和味精还未融化，葱花铺了一层。

他说："我这个叫滋补蹄花儿，用鲫鱼、棒子骨、雪豆、丹参、枸杞、没取蹄筋的蹄花儿炖的，大火 3 小时，小火 2 小时，资格炖出来的，不是高压锅压的。"

我好奇："你平时在家做饭吗？"

"车神"回："不做啊。"

"那这些是你去学的吗？"

"自创！不需要去学！"

说着，他又去厨房炒了一份小龙虾。处理过虾线的小龙虾属于半成品，丢到锅里，猛火翻炒，看不到多的佐料，只有很夯实的油，起锅加点盐、味精，撒点葱花就上桌了。他热情地说："你们不要客气，趁热吃。"

对于做饭，他带着一种天生的自负，用什么料，怎么搭配，怎么做，整个过程对于他"看一眼就会了"。

他端上来一碗像米糊一样的粥，让我们一定尝一下。吃了一口，粥温热，质地像米糊一样细腻，味道很熟悉，有一股蛋腥味，但始终猜不出究竟是什么味道。看我们没猜到，他露出狡黠的笑容，很是得意，"这是皮蛋瘦肉粥。"

皮蛋呢？瘦肉呢？难道都被打成了粉？

"这都是用手搅出来的。"我质疑，不可能，瘦肉怎么可能搅到连渣都看不见。他很有底气地说："可以的呀。"

期间，陆陆续续有人进来吃面，看到我们桌上的小龙虾都惊讶，"嗬哟，还卖小龙虾！""车神"虽然盘下这家面店一个月了，但是连招牌都还没来得及换，白天卖面，晚上就卖蹄花儿和小龙虾。

刚开业的时候都是的哥们支持。"车神"虽然离开出租圈很久了，但是他依然是个传奇。说着，"车神"开始打开微信展示他的的哥群。

晚上卖蹄花儿是因为以前开出租车的经历，蹄花儿油气重，对于出租车司机来说能扛饿。"车神"对开出租车的兄弟们，收费都会便宜一点，蹄花儿汤的烫饭正价是 5 元一碗，如果是的哥，就 2 元一碗，"开出租车的都不容易。"

其实"车神"的转型也不容易，早上 5 点就要起床去进货，晚上要到十一二点才能睡觉。虽然有 4 个帮工，但是菜主要是他来炒，洗菜、炒料、烧肉都要自己做，期间还要冲个冰粉、熬个皮蛋瘦肉粥。脚不离地地忙一天，比开出租车坐一天还要累。

开张仅一个月，他透露自己已经开了分店，"那边生意更好"，但又保密，"先不说在哪儿，下次带你们去。"

他转身拿了一瓶洋酒，在小杯子里倒了一杯。在一个只有四张桌子的面馆里，没有冰块，没有大杯子，只有一个透明的小杯子，他自斟自饮起来。

中年创业，用他的话来说：人这一生为了啥子？就是"吃饭"两个字嘛。

下午快四点，我们走出店面。

他问："你们是哪个电视台的？"

回："我们不是电视台的。"

他："哎呀，那可以帮我联系一下他们三？"

第二天他就上了电视，为记者炒了一盘玉米，记者问："你是不是没放盐？"

他回答："没有，因为现在不是做美食节目，如果要放盐的话肯定在炒的时候就要放，现在只是炒的一个过程而已。"

他身上有一种嬉皮感，乖张、挣扎，又要强，带着对生活的全力以赴，虽然有时语气里有些许的飘忽不定，虽然翻锅弄勺间有些自负，但是单冲着"自食其力"，就值得推荐朋友到他店里去点一份皮蛋瘦肉粥尝试一下。🆃🆉

● 西北中学的娃儿些，哪个没吃过
　"董事长"弄的铁门串串？

XIBEI ZHONGXUE DE WAER XIE，NAGE MEI CHIGUO
"DONGSHIZHANG" NONG DE TIEMEN CHUANCHUAN？

/ 李佳蓓

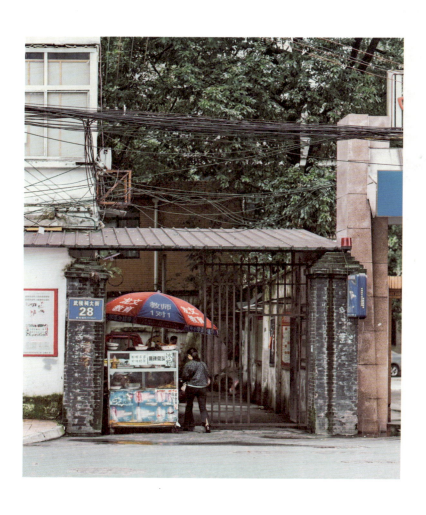

"叮……"十几年前，西北中学的下课铃一响，泡泡忍耐的口水马上就要飙出来，她使了个眼色，挽起小姐妹的手，一路狂奔。穿过拥挤的人群，路过"社会你于嬢"开的杂货铺，杂货铺里预备打架过逆的操哥操姐，对她来说如同浮云，此刻她一门心思就是要率先到达铁门口！

然后，抢个板凳一屁股坐下，吃钵钵鸡！

这家钵钵鸡没有名字，说它是钵钵鸡它又是热锅，说它是串串它又可以冷吃，反正就是一个复合型钵钵鸡。每次快要冲到铁门口时，是泡泡最为紧张的时候，堪比考试，如果已经有人抢占先机那就是对她的暴击！

因为，只有一口锅的钵钵鸡，锅边最多能坐 8 个人，来晚了就只有干等。饥肠辘辘地站在锅边眼巴巴地看到起，等别人吃完了才会有位子。

实在等不住了咋办？只有求救于"董事长"强行加板凳儿，大家挤起吃。手都伸不开都没人要撤退，导致一张坐 8 个人都只能夹起胳膊吃的桌子，能强行挤下 12 个人……要是哪个去旁边坐了那张宽敞但没有锅炉的桌子吃，那你就输了，即将要被鄙视了！

来到这个摊摊儿的食客，之间有一条鄙视链。鄙视链的顶端是真正的熟客，熟客也有不同等级，最顶层的是麻将搭子，其次是街坊邻居，然后是吃了十几年还念念不忘的西北中学毕业的娃儿些……

那天我们刚到，后面跟了个穿灰裙子的姑娘，姑娘刚迈进铁门，"董事长"就开搡："瓜娃子，你咋又来了，你来了老子今天又要输钱，回回儿来回回儿输……"

"你裙子好丑啊，穿的啥子东西嘛……"

我痴痴地看他们两个精彩对话，泡泡赶紧给我使眼色，不要开腔，不要跟她眼神交流，下一个可能就是我，我赶紧把目光收到锅上。边吃边感叹，这个味道真像小时候学校门口的味道啊！

锅对面的一个辣得抽鼻子的陌生大姐突然插话："嗨呀，这都不算最好吃的，最好吃的是我读初中的时候，××地方的麻辣烫，小锅儿煮的，那才好吃哦！"

旁边的另一人插嘴："在哪儿啊？你读初中是哪一年哦？"

一群根本不认识的陌生人，开始你一句我一句，围着锅撸着串儿叽里呱啦摆龙门阵。突然！一个香蕉皮从我头顶飞过，"董事长"开始操对面的大姐："你好老了嘛，还在给年轻人些摆这些……"

我们惊得不敢开腔了，泡泡淡定安抚道："她是这个样子的！"

吃着吃着，两个三十来岁的大姐走进来，平静地说了句："还是要那些，鸡心还是要冷的哈。"然后坐在了隔壁。

鸡心，冷的，会好吃吗？我默默地想。才发现，我们这种第一次来的才是鄙视链的最底层，突然就对"董事长"充满了敬仰，一个女人把一个摊摊儿构建成了一种食客系统。

说回这个掌握锅边"生死"大权的"董事长"，这个摊摊儿原本"三代单传"，只传女！"董事长"就是第二代，第一代是奶奶。奶奶年纪大了，数签签反应慢，就传位给了女儿，这个女儿就是大家喊的"董事长"。

不要小看"董事长"，她拥有最受成都人民喜爱的两大产业：钵钵鸡和麻将馆。还拥有成都嬢嬢们的两大专利：爱操人，爱"洗"脑壳！遇到好奇路过问上一嘴的外地人，"董事长"一看不懂行，话都懒得说，5毛一串的菜给你说1块，1块给你说2块，爱吃不吃。

你在这里吃得越久，脑壳就会被她"洗"得越"冰"，生客会以为她在和别人吵架，但熟客们早已经习惯了与"董事长"用互怼来下饭。现在"董事长"又把这份事业传给了自己的侄女两口子，鲜有露面。

运气好你可以碰到她，带着大玉坠子，跷着二郎腿拿着电话："张姐，下午来嘛，有三个人了，你们凑一桌打起三！"

侄女两口子现在是第三代，接手后味道不差，价格不涨。红签签的荤菜 1 元，一般的素菜签签 5 角，十几年没涨过价，唯一的变化，就是鸡脚从原本的穿 1 根红签签变为现在的穿 3 根。

她家钵钵鸡有冷热两种吃法，冷吃就是把已经泡好的钵钵鸡拿来蘸干碟吃。这样吃的憨憨是要遭鄙视的生客。

懂行的人都要坐到仅有的一口锅边，把钵钵鸡盆盆里选好的菜放进锅里烫起，再打个碟子，碟子要倒满海椒面加点鸡精，一定要打上一瓢锅里的红油。等菜煮入味后，把菜重重地放在碟子里来打个滚儿再趁烫送到嘴里。

更挑剔的吃了十几年的老饕，要让老板把海椒面打来垒尖尖，再抖鸡精，然后要求两勺锅底，半汤半油，才吃得稳当。

不坐锅边边那你就白来了，一是你吃不到最嫩的牛肉，牛肉要嫩就要捞得快，守着锅好把控时间。二是你吃不到最入味的鸡脚，坐锅边的人才有特权，可以把鸡脚无限时地煮，直到煮得稀溜炻了，快散架的时候，再把它拿出来蘸碟子，裹满海椒面，开始啃，又烫又辣。

在到处都是小郡肝儿串串、叶婆婆钵钵鸡的今天，这个又像麻辣烫又像钵钵鸡的"怪物"还能存活，自有它的道理。曾经这个怪物霸占了武侯祠大街上某小区的半壁江山，现在的美食飞速迭代，生意也不如以前了，那些连涮根莴笋尖儿都要蘸满海椒面把叶子撕来一片一片吃的人们，也早已散了……

不过这口老锅还在翻滚，依然为一群喜欢来遭骂遭操的老客翻滚，依然等着无数毕业了几年、十几年的西北中学娃娃些回来吃个念想。TZ

● 有人在 3 平方米的店里卖了 33 年凉拌菜

YOU REN ZAI 3PINGFANGMI DE DIANLI MAI LE
33NIAN LIANGBANCAI

/ 李佳蓓

夏夜，溜达去老小区里吃串串，水果摊儿上闪着旧旧的光，小卖部里粗笨的电视发出嘈杂的声响，边吃边听老板闲聊这个小区。老板如数家珍地说："这个楼是 20 世纪 70 年代修的，前面那个楼是 80 年代修的，后面满墙的爬山虎巴适得很啊，里头还有家拌菜，比我年纪还大。"

我目测老板 30 来岁，比他还大？便立马记下店铺名字，决定去尝尝。隔日，日头快到顶了，梧桐树下斑斑驳驳，前面一中年大妈正牵着孙女儿晃晃悠悠地走着，"喊张婆婆好""喊王叔叔"，百米长的路，在寒暄中走完。

到了路口被茶铺前的一大爷截住，大爷递来一只知了，黑疙瘩一坨，小孙女儿不敢接，大妈接过来让小孙女儿说"谢谢"，拉着继续往前走。整个小区的人好像都熟识，"哟，今天寡吃丝瓜嗦？""还不回去弄饭？"。

拐个弯到了一片低矮的瓦房，就是这儿了，荒废已久的半条街上，有一家唯一还开着的小铺。人不算多，两三个，三四个，没有断过。排在队伍第一个的阿姨头发花白，她要了兔丁，老板周姐问："儿子回来了哇？"

阿姨点头。

话间，周姐麻利地撩开面前的纱布，从搪瓷大盘中舀了一勺兔丁，放入一杆小秤上一称，再倒入一个大瓢中，盐、味精、鸡精、花椒、红油……十来种调料也就三五秒的时间就均匀地放好，左手的臂力和右手的腕力打配合，大瓢被刮得哗哗响，乳白的兔丁变得棕红发亮。

周姐转身在绿色的老式冰箱上的框子里抓了一把葱，顿了一下，转头问："还是多要葱头儿嘛？"得到大妈的肯定，她又多抓了一些葱头，最后舀了两勺花生米，兔丁才算拌好了。

这时队伍前面突然横插入一位大妈，壮硕的身体把绵绸褂子都撑圆了，蓬松的头发，趿着拖鞋，像刚从楼上下来，她直插入人并不多的队伍，递了张 10 块纸币给周姐，"我先把钱给了，要去前面买馒头。"声音和气势都不容一点反驳。

队伍中大家都没吭声，等她回来，队伍已经散了。一少年骑车来，要了半斤牛肉加肺片、一份拌素菜。

大妈："你新妈是不是又跑了？"
周姐："那妹妹呢？"
少年："跟到我和老汉儿。"
大妈："新妈是不是又嫁了？"
少年："嫁到遂宁了。"
大妈："那又生没有呢？"
"之前怀了，还是双胞胎，打了，我外婆不同意。现在又有了。"
周姐："那你又要当哥哥了？"
大妈："你是要当舅子了。"
少年："舅子是啥子意思？"
大妈大笑："舅子都不晓得嗦，真嘞是个瓜娃子！"

"瓜娃子"三个字声调陡升，在她转身时说出，得意的像赚到了今日的菜钱。等少年一走，后面来的胖阿姨接上了这个龙门阵，"他还是惨哦。"
周姐："他都 16 岁了。"

怪不得，他的面孔和嗓音与他脚上的彩色童鞋、七八岁少年的个子显得极不相称。等人稀稀拉拉走完，我点了一份牛肉拌肚片、一份耳片、一份不辣的素菜，和周姐聊了起来。

周姐看起来 50 岁上下，20 世纪 80 年代从重庆到成都，在饭馆里打工，认识了丈夫老熊，不甘打工的她和老公一起开了这个小摊儿，在厂区里卖拌菜。从 1985 年卖到现在，从几分钱一份，卖到现在几十块一斤，整整 33 年。

前 10 年是在厂区主干道上卖，二十多年前才搬到这排小铺子，周姐说："见证了这个厂区从兴旺到衰败，见证了很多客人恋爱、结婚、生子。"

以前摊子前的队伍排很长，排一个多小时很正常，她负责拌，老熊负责收钱、套口袋。现在很多人都搬走了，旁边租碟子的、补衣服的小摊儿也早就关门了，只剩她一家了。小区里居住的也都是老人和租客，老人们牙口不好，买得少，只有逢年过节儿女回来了，才会买一些。

顾客越来越少了，干了几十年老熊也早已厌倦，前几年就让自己退休了，只有周姐还在坚持，舍不得，丢不下。

33 年来，周姐除了 1990 年生女儿的时候坐月子，和前年胃息肉住院 5 天，其他时候从无休息。生女儿的时候上午都还在切菜，下午就去医院了。周姐说："结果晚上才生的，早知道我下午卖完再去。"

周姐每天从早上 9 点半开门，卖到下午 2 点休息，休息 1 小时，把下午要卖的菜拉来，3 点卖到晚上 9 点半。风雨无阻，没有节假日也没有周末，如此在这个 3 平方米的小店里干了 33 年。

这个店就像刚好为周姐修的，3 平方米，放了一台老旧的冰箱，再摆上十来样菜，一个小小的电风扇，就容不下第二个人了。

豌豆绿的冰箱，看起来就有些年头了。周姐说，33年，冰箱都用烂好几个了，对面楼上的住户几年前换新冰箱，她就把这个旧的收了，用了好几年了，还很好，就是每周都要除冰，这点很麻烦。

周姐的家其实就在小铺子的对面，但她在附近租了一个房子，方便洗菜、炼油，住家周围邻居都是老年人，心思细腻的周姐说："怕辣椒呛到他们。"在门口还有一个老式的圆板凳，上面有个小小的电风扇。中间放了盘蚊香，很暖，怕排队的人热，怕客人被蚊子叮。

跟周姐闲聊完，发现她没有一点儿重庆女人的泼辣，极其温和，连声音都被风扇吹得很轻。她说再干几年她就不干了，腱鞘炎疼得厉害，手上天天都得贴膏药。

我拎着菜从小区缓缓往外走，郁郁蒸蒸散发着水汽的植物，可以彼此挪揄的一份熟稔，让这里像是个与世隔绝的老城。 TZ

● 喜欢这家只有 80 平方米的书店，
不大，但自由

XIHUAN ZHEJIA ZHIYOU 80PINGFANGMI DE SHUDIAN,
BUDA，DAN ZIYOU

/ 李佳蓓

宽窄巷子附近有很多小街小巷，都是浓荫罩住整条街。它们不争不抢，把喧嚣都让给了"宽窄"，把市井留给了自己。

比如一条不起眼的斌升街，从地铁口出来 500 米不到，但却极其安静。老字号的"仁义水饺"、小清新的咖啡店，还有灯光迷离的修脚店、按摩店，名叫"没得白味"的餐馆，都相敬如宾地生长在这条街上。

一家叫"读本屋"的书店也开在这条街上，它不算"开"，相比其他铺子它开得很"收"。略高的一排木窗透出暖光，两面书墙中间开了一道门，要上两级台阶才能进去。

书店空间不算大，被店主分成了四个空间，两个开放式的阅读空间，一个吧台，吧台后面还藏了一个魔幻的小书房。连通三个房间的靠窗走廊，被书填满，隔着木窗向外望去，能看到旧式小区阳台上的生活，谁家晒的秋衣，谁家种的什么花，都一清二楚。

下午，初冬的光透过玻璃，斑斑驳驳地打在书上，带着淡淡焦苦味的咖啡香气弥漫整个空间，偶尔有一辆车从窗外开过，这就是书店的日常，也是廖宇的日常。廖宇开"读本屋"刚好一年，除了偶尔出门"收书"，大部分时候，他从早上 10 点到晚上 10 点都待在吧台中间，看书、泡咖啡，和朋友聊天……

我问他坐得住吗？他说坐得住啊。

老廖大学学的专业名字特别长，机械设计制造及其自动化，是父母给选的，因为那几年这个专业毕业生需求大。但是他根本学不进去，整个大学期间基本就泡在图书馆里度过。还没毕业就被派到钢铁厂实习，"高噪音、高粉尘"，实在干不下去。

毕业后做过销售，干过金融，去云南修过公路，但都不是自己想要的生活——他想要的生活就是开个小书店。想必很多文艺青年都有过开书店的念头，但是在这个时代，单靠小书店根本没法生存。想开，就要让它"活下去"，老廖先去了一家咖啡店打工，学习制作咖啡，他希望通过咖啡店结合书店的形式让书店可持续。

因为曾经花很长时间自学了经管专业，所学在开店上就派上了用场，选址、租金、环境、人群，都盘算清楚了才正式开业。

仔细观察"读本屋"的书，就会发现它跟其他书店完全不同。先说分类，其他书店可能会以"文学""社科""工具"等分类，而它分类是"自由""先生""四川方物志"等。在走廊的尽头，还有一块小小的区域，专门放了李劫人的《死水微澜》《暴风雨前》《大波》……墙上还用娟秀的小楷写了一篇李劫人的简介。

我问老廖，为什么会想到专门留个空间放李劫人？

他说因为当时看袁庭栋的《成都街巷志》，里面写到李劫人的家曾经就在斌升街，《死水微澜》和《暴风雨前》的部分内容就是在这条街上创作的，他看到觉得莫名得巧，于是就想在店里、在现在的斌升街给这位文学大师留个位置。

老廖选书的标准也很独特，"绝对不会让鸡汤文、成功学这类书出现在我的书店里"，但是绝版的好书和二手书却收了很多。

在吧台后面有个很小的空间，里面藏了很多二手书，一扇门正好开在天井里，这个空间像"真空"一样，让你一下从外面的世界抽离，根本不想走。

在黄黄的灯光下翻旧书也很有意思。经过二三十年，这些书已经发黄有了霉斑，但是依然被保存得很好，你甚至能感受到上一个拥有者的小心翼翼，能感受到他当时被情节打动时忐忑不安的心情。这是整个书店最小的一个空间，但却是大家最喜爱的一个空间，因为外面那个压抑阴暗的天井和这个温暖的小书房形成了鲜明的对比。

就在这么小的空间里还上演过先锋戏剧，表演者和观众混在一起，观众随时被拉入情景中，大家流动在这个小空间里，不分台上台下。

在互联网的冲击下，我一直以为开书店是很孤单的事情，对于年轻人甚至可以说是清苦，像修行，要有定力，从早守到晚，还要抵御物欲、抵御浮躁的环境。但老廖完全沉浸其中，自得其乐，他说："知道自己要什么很重要，我本来就不是说要挣好多钱，这个店能把一家人生活滚起走，又能干我喜欢的事情，这就够了。"

我想，他也可能是因为每天都被书店里的故事、人情打动，这种力量是无形的，比如：开业不到一个月的时候，遇到一位香港客人，转了一圈，买了一杯咖啡，却付了 100 块，老廖追出去说付多了，客人却说：开书店不容易，我想支持你。

还有两位 60 岁的老大爷和好几位中年人，都是因为在店里看书，偶然就与失联几十年的故人相遇了，重拾旧情。

走的时候我让老廖给我推荐一本书，他说："《燃灯者》吧，是作者回忆与恩师周辅成交往的故事，把我看哭了。"

好喜欢这家只有 80 平方米的书店，不大，却越小越自由。🔲

● 每晚酒尽人散，这个串串儿老板
开始趴在桌上书写人生

MEIWAN JIUJIN RENSAN, ZHEGE CHUANCHUANER LAOBAN
KAISHI PA ZAI ZHUOSHANG SHUXIE RENSHENG

/ 李佳蓓

他皮肤好得不像一个串串儿老板，眉目清爽，只有左耳上黑色的耳钉，透着股成都街娃儿的小痞气。

在喧嚣浮躁的今天，做生意他居然不吆喝，只在酒尽人散的后半夜，收拾完锅碗瓢盆后，开始把所有的情绪吐露在自己的公众号上。记录身边一起撸袖子干活、撸裤腿修脚的大叔，记录开张 10 天来吃了 3 次的陌生小兄弟，记录去五块石买香料路上和他一起在车流中见缝插针的电马儿……

他像一个纪录片导演，平实、风趣地观察周遭的人和事，捕捉细节，有插科打诨，更有人情冷暖。在蒲江山上养过猪，开过网店，卖过保险，当过钟水饺的徒弟，人生起伏不定地走到了 33 岁，兜兜转转找到一条老巷子，回归了老本行，炒料、熬汤，卖串串儿。

开张前一天

1992 年，小牛串串的老板小刘还是个戴着红领巾、脚穿白网鞋、手拿小冰棍的小学生，刘爸刘妈在与热盆景火锅齐名的铜火锅旁边开了家叫"奥帝火锅"的火锅店。开业那天，"一盘一盘的毛肚黄喉往外端，当时属于天价的 15 元一盘的金针菇也往外端。"

奥帝火锅在铜火锅和老妈火锅的夹击中，风风火火地开了两年。

奥帝火锅就是我父母经营过的最成功的事业，当时陕西街小学的老师，新华社的记者叔叔，进出蓉城饭店的有钱人，都是我们的回头客。

后来，炒火锅底料的大厨被狮子楼挖起走了。铜火锅挂了，老妈火锅也挂了。人生也就像火锅店一样，不是一成不变的，永远不变的只有改变。

二十多年过去了，有些许的宿命感，在这种不断的折腾中，我又回到了火锅的怀抱，哦，不，其实是火锅的衍生品，串串。

写下这几段话的第二天，小牛串串正式开业了。

偷灯泡的兄弟

刚开业没多久，门口的灯泡就被偷了，小刘给他写了一封信并给他留了一张创可贴。

您好，本店才开张一个多月，位置偏僻，生意有点儿秋，你偷了我 62W 的暖光节能灯，顺便还把灯头儿拿走了，我有种（被）鸡脚杆上刮油的失落感。但是我不生气，甚至还有点担心你的克膝头儿，因为从案发现场的地面来看，有一点点血渍，可能是你跳起来之后落地不稳，导致膝盖或手掌磨破所致，所以我觉得算是两败俱伤吧！

我给你留了一张"创可贴"，右下角，下次你路过看见了，如果伤还没好，就用上吧，大家都不容易啊……

小刘说："我相信他不是有意而为之，一个玩笑而已。我贴上创可贴的目的也是希望走过路过的人看了能开心一点，而且我相信世界是善良的，人心是温暖的。"

爱的荷花池

开业之后，小刘的小摊摊儿请不起小工，小刘从纸盒、筷子，到盐巴、豆瓣都是骑着小电马儿，来回三个多小时到五块石采购的。

他却苦中作乐：

前面是皮鞋哥，左边是书法哥，右边是纸箱哥，后面是火三轮，队伍当中还夹杂了老板、会计、盒饭哥，透肉丝袜配皮靴的凌乱妹子。

嘀哟，这个阵仗非常的紧张，大家都是技术帝，见缝插针，急停掉头，时而喇叭轰鸣，时而唾沫横飞。

一路到了高笋塘，整个世界都清净了。忽然一阵狂风吹来，吻掉了我的鸭舌帽，哎呀，我几天没洗头了，好丑……立即刹车，回头，只见迎面驶来一辆黑色轿车，感觉就要碾碎我淘来的吴亦凡同款帽子了……

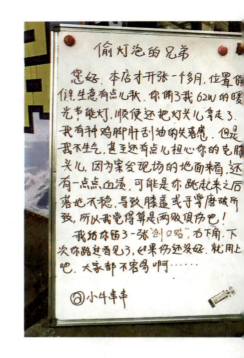

还好，司机从容减速，避让，与帽子擦檐而过，我给他一个点头，他还我一个微笑。

这个世界真美好。

胖娃儿

店里人不多，所以小刘对每一个顾客都十分熟悉，有位23天来了6次的胖娃儿他印象很深：

开业不到十天，他已经是第三次来了，高175厘米左右，体重约160斤，戴眼镜、戴耳机，圆脸短发，步伐沉稳，沉默少言。每一次来都自己买一瓶可乐，然后点大把大把的荤菜，一边看手机一边撸串。

"兄弟，我们开业十天，你已经来了三次了，这个小区那么多串串，你选择我们我很高兴，麻烦你给我们提点意见嘛。"

他很缓慢地抬起头，拔出左边的耳塞，一双冰冷的眼睛瞬间刺痛了我的隐形眼镜。两个男人的眼神，就这样交流了5秒，只见他用左手拿起锅里的一大把牛肉，从容地对我说："今天的牛肉不是很熟。"

靠，我去你大爷，我以为他至少会给我们一点赞美，或者一点意见……

后来小刘经常都会在小区里碰见胖哥，不会相互寒暄，只是目光交会时微微点头。胖哥基本是每10天来一次，每次来，虽然胖哥都自带一瓶可乐，但小刘还是会免费再送他一瓶，这是他们无声的约定。

使坏

小刘其实是个个性鲜明的人，偶尔也会使坏：

妇女节店里送百合，女朋友接过鲜花之后，看我的眼神由于太过暧昧，男朋友就吃醋了，一会儿说"老板儿，脑花儿快点嘛"，一会儿又故意扔掉筷子，让我换了两次。数签签的时候还要作弄我，脚下踩了4根，我抽了一根，没抽出来。

心想，好嘛，你玩这套，当年我拿一支牙签儿就去挖墙脚的时候，你娃娃还在吃麦丽素呢。

于是，我抬头含情脉脉地看着她的女朋友，说："美女，你男朋友脚底下还有一块二，我就不数了哈，今天妇女节，我送你一朵百合花祝你节日快乐，顺便也送你男朋友一块二，不然不公平哈。"

后来我顺利地拿到了签签，还接过他男人的一支烟，笑嘻嘻目送她离开，此时此刻的我其实一点都不开心，因为我知道，这不是幸福的一对。

唉……
一个卖串串的都那么忧国忧民，我也是够了。

其实呢？小刘每次称签签的时候都会擦掉签签上的渣和油，避免多余的重量。小刘身边还有太多太多有意思的人，每天这条 20 世纪 90 年代老车库旁的小巷，都会发生奇妙的故事。比如，曾经在 132 厂造飞机的古惑仔，人到中年成了爱做大保健、每天烫串儿的大叔；为了和乳腺癌女友吃最后一顿饭，来借厨房炒蛋炒饭的小兄弟；只是看了他公众号聊了一次天，就从江苏来拜他为师的小朋友。

就算不吃串串儿，都想找小刘吹十分钟壳子。 TZ

● 30 年前是化工厂，30 年后是戏剧乌托邦

/ 彭何

路灯绑在电线杆上；坑坑洼洼的小路；路边打围的砖墙里边，不知名的树冒出半截身影，就连枝干都布满灰尘；在经过一所叫成华才艺学校的打工子弟学校之后，空空旷旷，更看不到什么人烟……

2019 年 1 月，由废弃化工厂改造而来的戏剧空间——化工场——的第一场演出，都走到半路了，还是有两个人忍不住给正东发来消息退票，"我不想看了，可不可以把钱退给我。""我找不到地方，要不就不来了吧。"有人提议要增加更多的指示牌，正东想了想还是算了，"我就这么个破地方，如果你找不到，不好意思，说明你跟我之间根本没有缘分。"

正东真正想在这座废弃厂房做的事情，是在成都打造一个超实验性的戏剧之家，帮助一些小的剧社成长，这似乎一时半会儿也不太被常规的成都舞台艺术工作者所认同。"他们先前来看了之后，又走了。"

凭借一己之力，他把钱全都砸了进去，不接受入股，只接受赞助。这是一个独属于正东自己的戏剧乌托邦，由他亲手打造。

一路寻找到化工场，更多人觉得这其实是一个发现宝藏的过程。从地铁 7 号线双店路 D 口出来，转身直走，左拐经过一座叫大头河桥的小桥，脏兮兮的墙上的涂鸦开始变多。"有容剧社""仲夏夜梦""万河之源""世界戏剧日 3 月 27 日"……杂树上除了灰尘，上面新发的嫩绿也很显眼。

顺着化工场的指示 TAG 前进和拐弯，500 米后，在小沟边上的一座旧式厂房大门口，刚刚满怀好奇的人愣住了，内心变得矛盾，不断问自己，"是这里吗，真的是这里吗，是这里藏着一个剧院？"

旧式的厂房两排，棕褐色窄窄的楼梯，灰蒙蒙的玻璃，褪色的"禁止烟火"的牌子，墙上还有爬山虎的网……再加上切割铝合金的刺耳声，倾倒杂物的声音……灰尘，依旧是灰尘。

我也是看到大门口有两个青年人正在排练吉他才稍微敢相信，应该就是这里。直到走进，推开左手边第一扇蓝色铁皮门之后，终于兴奋起来。厂房只是一个外壳，里面真的是一个小型剧院，一群年轻人正在里面排戏。之后我才知道，第二天，他们的剧《再等等》将会在这里上演，这是化工场第二场正式活动。

一年七万多的租金，又砸了三十多万进去改造。正东从去年 7 月份开始接手这间旧厂房，一直倒腾到今年 1 月份才基本成型。一个人设计，雇人施工，仅仅垃圾就运出去了 6 车。两个反应罐被拿掉，只留下一个平台开辟成办公区。而顺着这个平台旁边的楼梯，可以到达屋顶，周围空旷，一览无遗。另一个小点的平台成了灯光音响控制处。

厂子是旧的，化工场里面的设备也全都是旧的。旧桌板拼成了办公桌，皮椅子是川师东校区淘汰的，得到消息，他赶紧找了车把他们拉过来。观众的座椅也是学校不要送给他的，安放椅子的平台，其实是绵阳某个剧院淘汰的道具箱堆起来的，最值钱的可能就是屋顶架设的那几排灯，也是旧的。

正东就像个破烂大王，随时从隔壁的废品厂淘点东西。昨天找到几条长凳，"以后万一拿来排个传统题材的戏，应该用得着。"原计划的酒水台后厨成了他的杂物间。遮挡反应罐缺口的蓝色钢条，也是正东前几天才翻到的，"还可以蹦，挺好玩儿的。"在这之前，是一块废弃餐桌上的可以旋转的圆玻璃盖着反应罐缺口。

然后他又很兴奋地向我展示那块捡来的化妆镜。"我没有钱来买东西了"，每个听过的人都不免心生一点怜悯，然后更多的是尊重，愿意为这颗种子浇点水。

正东之前在四川人艺上了十多年的班，觉得单位出品的那些剧目都偏传统，不好玩儿，想从现在开始重新做一个好玩儿的东西。其实这也是很多戏剧人的梦想。这是一个稍显漫长的过程，找到这间废弃的厂房，正东花了大概三年的时间。没事他就开着车到处转悠，谈过的剧场不下 10 个。要么价格贵，同样的大小，白药厂的价格可能是这里的三倍；要么本身场地不理想。

"我对层高很挑剔。"当正东说到和自己专业密切相关的话题，你能感受到他内心的激动。层高高可以搭很大的景，立体空间会运用起来。"有的时候，层次不仅仅是远近问题，高低也是。"现在这里有 400 平方米，8.6 米的层高。"高度够了，光柱本身就有了造型感，并且它投到的空间面积上能够放大，才能做整体的所谓的环境感。""国内的灯光运用还是局限于给人上色，打在人身上，其实灯光真正渲染的是环境，不是人。"

灯光设置，更多是围绕舞台剧而来改造的。正东希望打造一个让戏剧人进来，感觉会很舒服的地方，这也将会是一个超实验性的剧场。在法律允许的范围内，满足各种稀奇古怪的艺术家进来创作。正东已经计划好，热了以后将会在屋子上面搭建喷降雨系统，希望做一个和水有关的作品。

像 2019 年 1 月份他们的第一场《万河之源》，那是一场和环保相关的原创音乐剧。大家听着歌，围坐烤着火，吃着烤地瓜和馒头。为啥准备的是馒头，面包不是更搭吗？"面包贵啊。"就这样大家都嗨得不行，两个小时的演出之后，观众还又闲聊蹦跶了将近一个小时。

《万河之源》只想试验一下成都人能不能接受这个东西，结果出乎意料。只在朋友圈小型宣传了一下，本来准备了 60 张票，晚上 6 点半进场，演出期间看到观众发的朋友圈，7 点过又来了几十个人。只准备了 90 个座位，其余人就只能站着。

当天正东自己没有看完整个剧，密密麻麻的车子停在附近的道路上，他裹着棉袄帮大家看车。"这么一个荒郊野外，怕有人把别人的车砸了、划了。"

不同于传统剧场，演员是在一个特定位置，观众在一个位置一本正经地坐着。正东还是希望化工场更接近于欧美国家的小剧场形式，那是真正让他兴奋的东西。进来的人不一定是坐在那里，可以站着看戏，走着看戏，这是一个轻松的氛围，"反正我这个地方都这么破了，还能怎样，想怎么玩儿就怎么玩儿呗。"

更加强调交流互动。另一个正在筹备的戏，甚至会为此打掉一堵墙，开一道侧门，观众从这个入口进入，看完这个平台的剧，半小时后又逐步走动把视线挪动到现在摆放座位的区域，"到时候这里也会搭建一个小舞台。"

如果你觉得今天的剧不太合胃口，其实你还可以顺着楼梯爬上露台，烧烤或加入派对。剧场社交也是正东在化工场的另一个梦想。"来的人都喜欢看舞台剧，说明我们在某些方面有共同的点，可能是同类人，看能不能交个朋友、谈个恋爱。"

在外国就是这样，看完剧之后，外面就有红酒，大家自在聊天。无论是法国、英国爱丁堡，还是罗马尼亚的锡比乌，都有这种文化，这是比在剧场看剧还好玩的事情。

本身学音乐出身的正东，其实也在想，戏剧通常是周五、周六和周日演，要是平常，是不是可以邀请一些人来唱《猫》《妈妈咪呀》之类歌剧的选段，把这里变成一个歌剧类型的酒吧。年底可能也会邀请一些国外的艺术家进来演出。

不过就目前而言，正东着重在做的是两件事情。帮助一些大学生剧团在这里呈现自己的作品，甚至可能免费提供场地给他们使用。不久前演过的《再等等》，就是川大锦城学院大四学生的作品，他们自己花了3天时间写剧本，又花了将近1个月的时间每天到化工场排练打磨。

这些年轻人从高新西区赶过来，难得大家满怀热情折腾这样一件事情，"挺不容易的"，时不时正东也会给他们一些建议。

另一件事是正东正在筹备化工场自己的原创剧，进展并不顺利。"已经垮了两次，从3月份就开始筹备，集合了人，现在还在招募更合适的人。总是遇不到合适的，原创剧目一直搁置，还是希望真正有兴趣的人来报名。"

化工场原计划一年出三部戏，可能到年底第一部才会真正上演。成都人的接受度是很好的，特别爱尝新鲜，不会出现对太新的东西只持观望的态度。"但是我希望大家在尝过鲜之后，还能够保持对我们的关注度和热忱度，那就需要我们东西好。""如果一开始就奔着赚钱去，这件事是做不起走的。"

帮助别人实现梦想，也成就自己的梦想。正东希望化工场一年能演 100 场剧，"以后进来的剧社、剧目都要写在来时路上的墙上，通过一年的时间，每周做一点。"一路延伸出来，慢慢地把化工场做成成都一个戏剧爱好者的聚集地。

这有点像小酒馆之于成都的地下音乐，成都的戏剧人应该有这样一个舞台和栖息的地方。

十多年前上海也有一家类似的、名字叫"下河迷仓"的剧场，也是在旧旧的仓库里。免费，一帮穷艺术家喜欢到那里去排戏。那是上海戏剧学院一个毕业的学生，自己开公司，然后把赚的钱全部砸进来想要实现自己的一点小梦想。

"下河迷仓"在四五年前因为各方面原因宣布暂时关闭。正东也有感，"一个人，太难坚持下去了。"十多年前，就算是在上海，这样的剧场的接受度还是比较低，当时的政策环境，主要是互联网、工业园区，没有怎么提文创、文化产业。尽管"下河迷仓"已经淡出上海很久了，但那些搞戏剧的文艺青年，还是很怀念它。很多后来知名的剧团都曾经在那里迈出第一步，诞生过不少经典剧目。

"现在我还是沿用了它的一些老路，实验性的、原创性的、独立思想的一个空间。"这可能真的是应该由一个对的时代来做这件事情。

退一万步讲，就算这个地方三五年后会面临改造或者拆迁，存在过，终究还是能留下点什么痕迹。至少化工场已经让一家破败的化工厂厂房有了新生的感觉。这家化工厂叫成都滨江化工厂，20 世纪 90 年代府南河整治，它从新南门附近搬迁至此。

就在旁边，还有五冶钢铁厂的单身宿舍；在另一边，有 20 世纪 60 年代叫冶炼厂在 70 年代改名的天然气化工厂，90 年代又改名成油漆化工总厂，它在 1996 年成为成都最早破产的企业之一。现在还住在里面的家属形容这里是"一片孤岛"。

其实，正东的化工场也为这片孤岛带来了一些别的可能。▣

● 她家的盒饭一卖就是 28 年，嚯，不晓得好凶！

TAJIA DE HEFAN YIMAI JIUSHI 28NIAN,
HUO，BUXIAODE HAOXIONG！

/ 郑莹　范珊

一家馆子开很多年正常，但只是卖盒饭就可以卖 28 年，嚯，那肯定凶！

四川省体育馆洞洞舞厅旁边的老房子里，28 年前有个卖盒饭的，当年这一块儿的盒饭都是她带起来的。后来因为拆迁改修，搬到了东御河社区一个单元楼门口不足 50 多米的过道上——这就是张大姐盒饭。

都说出租车师傅深谙这个城市的脾气，对旮旮角角了如指掌，看到门口停那么多出租车，从早上十点过开始，一直到下午一点过才会慢慢散去，就知道味道肯定不差。

成都电视台的魏导，就在这儿吃了二十多年了，从小魏吃成了老魏。老魏说他们电视台所有吃过张大姐盒饭的人，都说这是成都最好吃的盒饭，没有之一。要知道电视台的人吃盒饭，那属于专业人士，他们都说这是最好吃的盒饭，那肯定没有假。

一说到魏导所在的成都 33 频道，就能勾起很多成都人的记忆，而张大姐盒饭则是 33 频道大部分人的记忆。当年电视台还在展览馆的时候，张大姐的灶台边边就是那一大拨女主播最爱去的地方。

二十几年过去了，尽管 33 频道已不知在什么时候变成了成都第二频道，电视台也搬到一环路外去了，但当时的那一拨人还是会时不时到张大姐这里来吃盒饭，开车、打的专门绕道过来，就为了记忆中的味道。

张大姐的盒饭可是出了名的抢手，要争取 11 点前就到场，那个点，你喜欢的菜都还有；11 点半以后就要有啥吃啥了；12 点一到，就不要想了，稍微迟一点，就只有站着吃饭的份了。

店里每天基本都是四五百份订单，张大姐说外卖十份起送。订外卖的永远都是有增无减。遇到旁边的体育场、后子门搞活动，订单就更多了，连送小菜的师傅偶尔都会帮着送外卖。

一进门，左边是打菜的窗口，摆着十几盆菜，热气腾腾的，那香味逼得你直流口水。打菜的姑娘很是麻利，一手拿着勺子，一手拿着盒子，问："要吃什么？11 块的还是 14 块的。"遇到老顾客，她会直接拿着盒子，埋头就把菜打好递给顾客。

她家可是一点都不小气，每个饭盒都装得满满的，还备有菜汤。两荤两素 11 块，三荤两素 14 块（编者按：2016 年的价格）。便宜又好吃，包你吃饱喝足。拌白肉、回锅肉、拌心舌、烧粉条、渣海椒，真的是样样销魂。

张大姐做盒饭也不容易，和厨师蒋师傅从早上五点就开始忙碌。张大姐亲自去市场挑最新鲜的肉拿回来，蒋师傅则是在菜和肉都到位后开始洗切。十点过就听见从厨房传出炒菜的吱吱声，一直到十二点都不停歇。

不管外面多么热闹，蒋师傅都一直站在传统的灶台面前，用壮实的手拿着铲子，不停地翻着锅里的菜，直到十二点过后才有空隙休息一下。

休息时，他也时不时地上窗口帮忙，看看盆里的情况。如果菜少了，还有很多客人，蒋师傅又会回到厨房，接着炒，或是笑嘻嘻地扯着大嗓门和老顾客打招呼。他经熟人介绍来到张大姐这里，一干就是16年。

打菜、收钱的是张大姐的女儿，张大姐开始在体育中心卖盒饭时，女儿才三四岁，如今28年过去了，张大姐的外孙女都四五岁了。

一位老顾客说："从张大姐开始卖盒饭就在她家店吃了，多少年味道都没变过，看着它从以前的三块钱一份涨到现在的十多块钱。都说不能守着一家店吃，再好吃总有一天会吃腻的，但这家就奇了怪了，怎么吃都是当初的那个味道。"

也许正如给张大姐送了 16 年小菜的李师傅说的，"张大姐不怕花钱，一直用最好的材料，用最好的油炒出最具家常味道的菜，所以才能坚持这么多年。"

28 年过去了，不管旁边的体育中心举办了多少盛大的活动，也不管附近的高楼大厦是如何拆了又建，在成都这个分分钟都会发生翻天覆地变化的城市里面，张大姐的盒饭店仍保持着最初的样子，甚至连个招牌都不需要。

还是十几年前的那个院子，张大姐站在门口亲自招呼一个又一个熟人，这个多舀点，那个再添点，仿佛让人感觉自己在时光之外。

也许正是他们的坚持，成就了另一批人的情怀。拌白肉、回锅肉、拌心舌、烧粉条、渣海椒，每次老魏都一口气说一堆。他心心念念的张大姐的手艺，隔一段时间就要招魂似的招呼他，让他不管多远多累，绕过半个城，也要来吃一份胀死人的盒饭。☷

● 颠锅炒肉，半辈子的痴换来一个私人博物馆

DIANGUO CHAOROU，BANBEIZI DE CHI HUANLAI
YIGE SIREN BOWUGUAN

/ 彭何

胡维忠是一个多面的人。

胡维忠，人称胖哥，1970 年生，1986 年跟着外婆学做菜，1991 年在毗邻红星路的二医院旁开了家名叫庆云餐的餐馆，小炒肉、毛血旺，吃过的人都赞不绝口。由于临近报社，《成都日报》《成都商报》《成都晚报》的人都晓得这家馆子，如不去吃食堂，十个里面有九个要跑去胖哥的馆子头坐起。庆云餐也是隔壁子二医院医生病人的第二食堂。

好多离开报社的同事，遇到了也还是要摆当年在庆云餐就餐的玄龙门阵。

而就在距离庆云餐不足 1.5 公里的望平街，有一个胡维忠的私人博物馆。租来的房子里陈列着他搜集来的各种瓷器，有精品，也有一堆碎瓷片，不懂的人还以为是垃圾。

门板做的桌子，老榆木的长条凳，屋里好多老物件。一面是吃，一面是瓷。两个地方就二十来分钟的脚程，两种人生状态自然切换。

别人都在忙着开分店搞加盟，或者投资房地产，等着升值再升值，他偏偏要去用辛苦赚来的钱做一件外人看起来莫名其妙的事情。

胡维忠曾经花费 4 年时间收集了 2 吨重的破瓷片，整个收藏花费百万。"很多人在背后都骂我是瓜娃子，花那么多钱收集瓷片、瓦片。"但自己喜欢，又有何妨。真所谓"别人笑我太疯癫，我笑他人看不穿"。

不久前胡维忠又在他的私人博物馆下面搞起了民宿，交流古陶瓷文化，顺便谈谈茶道和美食，只给懂的人体验。

胡维忠曾在博客里这样写道：

人要拿得起，也要放得下。拿得起是生存，放得下是生活；拿得起是能力，放得下是智慧。

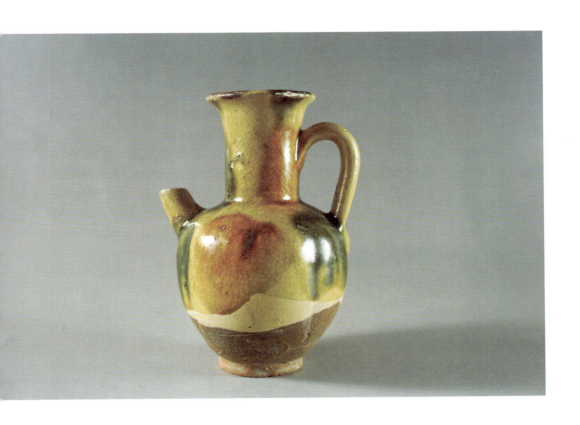

有的人拿不起，也就无所谓放下；有的人拿得起，却放不下。拿不起，就会庸庸碌碌；放不下，就会疲惫不堪。人生有许多东西需要放下。

只有放下那些无谓的负担，我们才能一路潇洒前行。

川菜小馆是生存，而私人博物馆便是生活。

像所有成都苍蝇馆子的老板一样，胡维忠也有个大肚腩，穿着普通接地气。

他文化程度不高，初中毕业，1986 年开始跟着外婆学炒菜，直到后来开了餐馆，做了 30 年的餐饮，家庭的经济条件才算好转。

从前，胡维忠家里条件差，结婚时没钱，必须靠卖邮票挣钱来娶媳妇儿。和媳妇儿出去摆过地摊儿，分食 5 块钱一份盒饭的滋味他还记得到。胡维忠当老板，收钱算账，也干采购，去菜市场挑选最适宜的菜蔬，切菜、开火、倒油、颠勺、放调料更不在话下，偶尔也跑跑堂，像伙夫一样。

他在庆云餐中的形象从来如此。这也是常人对"胖哥"一贯的，也是唯一的认知。

穿过一两条街，就到了胡维忠在望平街的私人博物馆中，他立刻就像变了一个人。泡上一壶茶，用古杯慢慢饮，一坐一整天，翻翻书，整理下碎片。想当年他只有在麻将桌子旁才坐得住。

胡维忠打小就爱收集，糖纸、邮票、门票、钱币都收集过，而这满屋子的藏品全都是胡维忠用一份份小炒肉、毛血旺赚到的钱换来的。

缘起 2005 年，胡维忠抱着捡钱币的心态去了建筑工地，没想到捡到一些陶瓷碎片。

裹着厚厚泥沙的瓷片经过清水洗涤后，虽然残缺，但上面的图案纹饰还是让胡维忠好奇，特别想弄清楚到底是什么年代什么来头。有意思，好耍，很简单的原因，胡维忠从此就迷上了。餐馆卖过中午，胡维忠没事儿就往工地跑，那阵成都正处在火热的建设中，哪里在挖就去哪里。东大街、新南门、桐梓林等等工地遍布胡维忠的足迹。

太阳大，晒掉一层皮也仍要跑去。有次去一个4米深的大坑刨碎片，还差点被埋进去。也随时往送仙桥古玩市场跑，满市场的人都认识他，市场有多少瓷片他就要多少瓷片。边买瓷片边买些相关的书籍来学习，也拜老师、请教专家、往各地文博展会跑。胡维忠的眼力被锻炼了出来，收集了不少精品陶瓷，尤其是邛窑，故宫专家都要来瞧瞧。

不过胡维忠古怪，藏品只藏不卖，最多限于朋友之间的交换。看到好东西就想要收入手，买东西也耿直到不能再耿直了，一般不还价，害怕一还价就得不到心爱之物了。

胡维忠爱宝如命，儿子不小心打碎一只陶罐，他要严厉地批评，告诉他打碎一只就少了一只，而每只都是历史、都是文化。"4·20"雅安地震时，他正将放在锦盒里的邛窑拿出拍照，突然地动山摇，他和妻子一人抱住一方瓷器，舍不得放开，更舍不得逃命，深怕碎掉。

而那些本来就碎了的瓷片，虽然残碎，但每一片都是满满的故事，都饱含文化。"每一片瓷片都在讲述一千多年前的故事，它们会说话。我就是为了能够读懂他们才收藏他们。""当你接触这些古人的东西以后，你会觉得我们在他们面前太短暂了。""随便拿个茶盏，九百多年，我们能活多少年？属于你的时间太短。"

说到底还是因为收集瓷器让胡维忠开心。"什么灯红酒绿，什么名车豪宅，这些东西对我来说都没有意义，那只是别人的开心。"

尘世本烦扰，胡维忠看得很透。"耍自己喜欢耍的，管他那么多搞啥子，人活一天就少一天，把烦恼统统抛到脑后。况且收藏、研究瓷器还那么有意思。"

而那些报以嘲笑的人，只晓得抱住金银财宝之人，在胖哥看来，那是他们活得太累。世界上有趣的东西那么多，看你怎么选择活法而已。 🅣

● 她把桃子枇杷蜜橘栀子香茅茉莉······
和阴天一起酿成酒

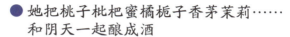

TA BA TAOZI PIPA MIJU ZHIZI XIANGMAO MOLI······
HE YINTIAN YIQI NIANGCHENG JIU

/ 蒋佳芯

城里有一位酿酒人，栽了果树，结了果实来做酒。种了花草，开花也做酒。出去采风，看到喜欢的植物，第一念头还是做酒。

城里有一个女老板，从小就爱花花草草，连带着爱花花草草生长的大自然。她喜欢采花采草，也爱种花种草。甚至为了能天天看到花花草草，不惜辞掉工作。去田野里吹风，去乡间摘橘子，去种一整面墙的多肉。

这个酿酒人，这个女老板，就是曾经被同学写进作文里的熊英。

植物是她的执念，也是她的热爱。

熊英开餐馆，开出了植物园的感觉。屋顶上、小院里全是她从世界各地搜罗来的植物。你去吃饭，可能好奇她家的大红豆外面裹了什么佐料，但你一定会更好奇隔壁那株金黄的芦苇到底是什么品种。

为了离天空更近一点，她把店开到屋顶。为了离城市更远一点，她又把店开到了花乡。

她用当季的食物做菜，也用当地的食物做菜，她把"身土不二"视作自己的饮食态度。所以在她的餐馆总能吃到最新鲜、接地气的食材。

熊英给自己的餐馆取了个很温柔的名字——樱园。就像她给人的感觉一样，温柔、恬淡。麻布裙，是熊英的标配。她散着长发，站在橘树下，站在田野边，好像都能闻到森林的气息。

熊英还有一大执念，做酒。

大概是太过喜爱植物，不忍花果凋零，所以把它们的味道存在酒里。熊英喜欢做酒，她说这是个人爱好，能坚持二十多年的爱好，一定是真爱。何况她做酒并不只因爱好，熊英的酒放在樱园里，已经是招牌了。有人专门飞越大半个中国，只为喝一口她酿的金桂枇杷。

熊英很挑，不同的果子，要配不同的鲜花和香草酿制。熊英又很贪心，不甘于只用单一的水果酿酒，她总要搭些花花草草。仿佛这样的酒里能喝出一片缤纷的花果园。她说自己酿酒是为了用陶罐储存四季的气息——千红一窟，万艳同杯。

她的酒里，真的能喝出一片花果园。

她说自己对植物的色香味有种天生的敏感，尝一口刚摘的水果就忍不住去想象搭配它的花草。桃子要搭上栀子，枇杷要配桂花，蜜橘要搭香草，樱桃要配上糖玫瑰……哦，还不止，地域不同，水果的甜度和性质也不同，所以搭配也不同。三圣乡的桃子跟三圣乡的桃花一起酿，到了明月村，鲜桃要加上当地的单瓣栀子花。

大自然的特别馈赠，这是异地酿酒味不相同的乐趣。

明月村是熊英新的秘密基地，可能是屋顶离天不够近，花乡离城市不够远。她找到一个没有高楼和汽车轰鸣的地方，只有她最爱的花草树木和隔壁淳朴的村民。她在这里种花栽树，采树上结的果子酿酒，用自己酿的姜酒灌香肠。朋友、客人来了，好酒好菜招待。她就像一个隐士，待在别人还在向往却又踌躇着的、而她早已默默打造出的秘密花园里。

熊英喜欢酿酒，她说自己天生就会酿酒，任何食材都可能成为她酿酒的原料。蒲江的猕猴桃、三圣乡的樱桃、贡嘎山的小黄菊，还有香蜂、香茅、迷迭香、茉莉、栀子、糖玫瑰……这些都只是基本款。

某年 7 月，明月村刮了一场大风，吹倒了五千多株松树，她和朋友去剪了松芽，回家酿了 10 斤松酒。她说这是道家的传统养生酒，松香浓烈，降血脂。

明月村盛产一种野生的老品种蜜橘，没人吃，也没人收。采摘成本高，村民们只好等它在树上成熟腐烂。熊英看到后，像捡到宝一样，收了蜜橘，一口气酿了 1000 斤橘子酒。

初夏，明月村的桃子熟了，熊英打算摘了桃子酿桃子酒。村里有位"丑柑少年"，大学生，毕业后回了村里种丑柑。看到熊英在桃林边收桃子，邀请他们去自家院里洗桃子。少年的家里有一口老井，井水清冽甘甜。大家一起搬桃子，热心的村民们围在一起洗桃子，这样的场景让熊英非常感慨。这是城市里吃多少山珍海味都换不来的可贵日常。

熊英看井水好，让洗过的桃子自己发酵一部分，又用少年家的井水浸泡桃子发酵了一部分。惊喜的是，注入井水发酵的桃子酒，色泽更加鲜亮。

每一次手工做酿酒都像一场甜蜜的赌注。辛苦搭配好洗好的鲜果、花草放进酒坛，还远没有结束。发酵得好不好，究竟是酸了涩了，是甜多一点还是酸多一点，这些都要等三个月后才知道。

熊英说，等待发酵的日子，会有一种莫名的敬畏心。酒缸里好像有无法掌控的力量，这是机器无法取代的奇妙魅力。所有的手工制作，都是限量版。每一坛酒都不尽相同，每一次做酒都是新的尝试，可能有惊喜，或许还不满足。就像画画一样，最好的画作永远是下一幅，而最好的酒，也永远是下一坛。

熊英是一位酿酒人，又像一位画家，她就在三圣乡、明月村，酿一罐阴雨天、酿一口初恋…… TZ

● 这家店没有门，却叫众妙之门

ZHEJIADIAN MEIYOU MEN，QUEJIAO ZHONGMIAOZHIMEN

/ 吕美真

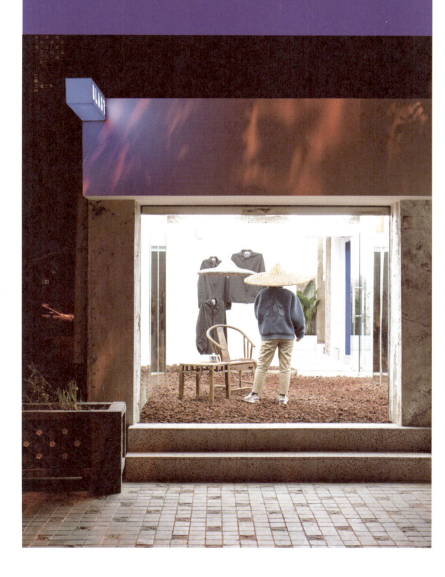

泡桐树小学门口，刚买完菜拎着鳝鱼和大葱的老大爷接孙女放学。孙女拉着爷爷往旁边巷子里走了 100 米，停在泡桐树街的小角落。

大爷："来这儿干哈子，这是搞啥子的嘛。"

女孩指着这家店："爷爷，这里是卖衣裳的。"

大爷："哦，卖衣服的嗦。那我要进去看一哈。"

大爷把血骨淋当的鳝鱼一挂，葱一放，牵着孙女径直往里边走。顺手拿起一件背后印着龙的短袖，问道："这个龙是在吸水还是吐水哦？"

"吸水。"

"那好，我买了嘛，明天正好要去打麻将。"

大爷很潇洒，结完账，鳝鱼一拿，葱一提，和孙女转身离开。

大爷买衣服的地儿叫作 BLAST STORE，是"众妙之门"首家展示商店。刚刚回答爷爷"龙吸水"的人则是众妙之门的品牌主理人田雨。

这是个从外观你无法判断内部的空间，理发店、练功房，还是密室逃脱？怎么猜都有道理。毕竟这玩意儿压根没门——的确没门，只有镜子、满地的火山石，以及看老板心情随时变换的装置。

这次我去的时候，是一个孤零零的涂鸦沙发。镜子里，隐约瞧见一扇玻璃门，推开进入，才可以稍微确定是个卖衣服的地儿。

蓝的、黑的、白的、红的，简单的几件短袖短裤悬在房顶上、挂在架子上，其中还点缀着些植物，让这个以蓝色为主的空间不太单调。

再往里，有个小房间，像个别致的书房。墙面有些斑驳，一部分是刷好的白漆，一部分裸着，也不违和；墙上挂的是由大到小的几幅蓝色地图；中间是一张由四个自行车轮儿拼成的玻璃桌子；书架上零星地摆着几本杂志，还有一瓶留了小半的黑牌威士忌。

主理人田雨说，整个空间最后出来的效果跟当初设计图纸的相似度只有 10%。装修过程有点荒谬，施工的工人都不知道第二天到底要干吗，来了再说，敲了再整，整了再敲，"在这个空间里的每一处细节都是偶然且无法复刻的，反正是我眼中的真实。"

空间里面主要承载的还是衣服，毕竟"众妙之门"是一个时装品牌。一个词形容"众妙之门"：简单；再加个词：实穿。

"众妙之门"的衣服很舒服，不张扬、不刻意。无意间路过的高中生特意带着爸妈来买，买完菜接孙女放学的大爷能穿，男团女团爱，网红也来打卡。

"众妙之门"的萌芽到实现，绝不是主理人田雨的灵光一现，是潜伏多年孕育而出的一种必然。

田雨在攀枝花长大，他的家族，从曾祖父开始就在沿海做面料生意，从小耳濡目染，听着远方的故事，手边摸着的是上好的料子。

念初中时，生活在美国，以及上海的亲戚老给田雨寄衣服，加上父母总出差捎些洋玩意儿回来，田雨在穿这块儿就没将就过，内裤是 Champion，牛仔裤是 Levi's，洋盘惨了。父母看不下去，觉得这小孩瞎讲究、只求牌子，马上把田雨转去一所只能穿校服的学校。嘿，巧了，热爱篮球的田雨就此开始捣鼓球鞋。一到假期，疯狂逛街买衣服买鞋。

那时候的篮球少年们都爱看《灌篮高手》，田雨也爱看。但是人家顺着看，田雨倒着看，从最后几页 NBA 球星的穿衣搭配、单品推荐看起走。高中时，他会把自己发呆乱想的点子一一实现，拿两件颜色不一样的 T 恤找个裁缝店拼接在一起，再请同桌潇潇洒洒地写上四个字：桀骜不驯。

2009 年，田雨戴着蓝色美瞳、顶着一头红发坐在大学教室里听课；当年刚刚开始玩古着的他淘了一件硕大的 MA-1 夹克，被妈妈说像是从死人身上扒下来的衣服；还曾经因为美签被拒，一不服气托美国的亲戚一次性把 4 年的衣服买齐了——当然那么多衣服也穿不完，后来田雨干脆在寝室里直接卖起衣服来，莫名其妙就代购了一把。

他还养过"牛"，用寝室里大家冲凉的大水桶把一条 Levi's 的原浆牛仔裤进行脱浆处理；也玩过死飞，喜欢收集日本杂志，对日本潮流了解得比谁都清楚……

总之，人家玩的他都玩过。

田雨的一位室友这样描述他："看上去是个混子，实际上，对感兴趣的事情都会拼尽全力。"用田雨自己的话说："我这个人有点日怪。"

毕业后，田雨去了传媒行业。工作的前几年里，几乎所有收入都用在了穿着上面，逐渐找到了自己的穿衣风格。田雨老婆说："第一次看到他，觉得他好讲究，虽然看不懂穿得什么牌子，但是干净又舒服，就留了个联系方式。"一留就没跑脱。

在传媒行业工作几年，最大的收获是让田雨养成了一种"媒体思维"，从媒体角度思考问题，客观、平和，考虑受众和市场。也不是没走过弯路，走的弯路多得很。2015 年，当传统媒体逐渐向新媒体转型时，他也搞过其他玩意儿，开过 VR 体验馆，天天人满为患。"但是我搞错了商业模式，看似天天进账，到最后还是亏了。"

做品牌设计衣服这件事情，长久都在他脑海里打转儿，跟家里人沟通过几次都无果，做了好几十年面料生意的家族，怎么看得惯他想要做的事。直到 2018 年过年，再次返家与爸妈细谈了一番，两老松了口，这事儿终于定了。

田雨转身回成都，立马辞职，众妙之门，由此开启。

非科班出身的田雨，有自己独成体系的"笨方法"。创业前期，一个人在家，把所有自己穿着舒服、板型觉得不错的 T 恤放在巨大的牛皮纸上临摹，统计每一件的尺寸，再交给板师。

第一批样衣出来，只成功了一件，但是他一点儿不慌。他去日本寻布，慢慢意识到，一件衣服最重要的是带给人认同感。如同"众妙之门"的理念：集宇宙万物奥秘之处，聚大千世界美好之门徒。

玄之又玄，众妙之门。

田雨做衣服的初衷也是如此，"想让每个人都能从衣服中找到自己的份额，满足自己的标准，不只是特定的场合才能穿，而是任何时候都可以。"田雨说这话的时候，很稳、很自信。

田雨没着急，慢条斯理地，想着能卖多少算多少，但单单只凭着朋友、朋友的朋友、朋友的朋友的朋友，每一次做出来的衣服，都卖光了，供不应求。这个时候，他心中笃定：要开实体店。

泡桐树一号的"众妙之门"BLAST STORE，就来了。回到故事开头的泡桐树一号，为什么选在这里开店，田雨又开始"日怪"——"我就是喜欢，必须开在这截。"

无论是"鱼骨状"街道排列的少城片区，还是一直以来魔幻气息浓厚的泡桐树街，以及这条街带给田雨的一种像是在巴塞罗那、在东京、在上海法租界的熟悉感，都让田雨对这里着迷，那店就得开在这里。

现在第一家有点名堂的店开了，慢慢地，说不定就带动整个街区了。以后田雨还想开"众妙之门"的第二家店，打算开在香港、东京、首尔等亚洲区域，要是再考虑远点，那就是阿根廷的布宜诺斯艾利斯。

离开"众妙之门"的时候，我又特意在门口的镜子前面晃悠了好几圈，一边想着田雨说的"就像是踏着橱窗"，一边从头到脚地好好打量了一番自己。

● 每个古村落都是复制粘贴吗？跟着他去了才知道

MEIGE GUCUNLUO DOUSHI FUZHI ZHANTIE MA?
GENZHE TA QULE CAI ZHIDAO

/ 李佳蓓

之前有个叫王村村的人，因为够"无聊"，火了。他在网上分享自己是怎么"无聊"的，比如数一碗米，数一颗草莓上有多少颗草莓籽，尝试舔完一根巨大的棒棒糖，测量每一个石榴籽的尺寸等等，他认为自己在"无聊"方面很有天赋，并且取得了一定成就。

你无聊的时候都会干吗？我身边有位朋友，他无聊的时候，就带着一条烟去转村！

温桑原来是一名户外领队，某天他看完几本书——《乡土中国》《巴蜀城镇与民居》，就突然冒出一个念头，想去看看四川的这些传统村落。他好奇，这些古镇村落，是千篇一律的复制粘贴，还是冷冷清清地存在于某个山中？

于是他打开了中国传统村落名录，把成都周边的村落列了一个清单，又在副驾上准备了很多零食和水，带上一条烟，就出发了。

他每天开车走 2~3 个村落，花了十几天的时间，独自走完了三十多个村落。有几天失眠，他就在早晨五六点出发，到达村落的时候正好可以看到整个村庄在薄雾里刚刚苏醒的样子。

在村里最先遇到的永远都是老人，天未亮，睡不着的老头老太们，背着手、叼着烟，默默地在村道上徐行。

老人们都非常和善，很多并不知道温桑到底是干吗的，来村里要做什么，但常常都邀他坐下，给他塞橘子、送茶水。遇到大叔，温桑就马上塞根烟或者借个火，打开话题。

在蒲江，他遇到一个老大爷，一人守着两间破旧的土砖房和一片果园，与一只猫、一只狗、一只鸡做伴，儿女们邀他进城被他拒绝。死守着果园和老屋，不舍得住了几十年的院坝里妻子儿女们曾经的生活痕迹，也不舍与土地最亲密的关系。

保护村落里最有看头的就是老房子，一砖一瓦都藏着故事，光影在旧木门上走了又走。

村里偶尔也有警惕的人，看到温桑拿着相机会问：我们这儿是要拆了吗？温桑会说：你们这里是保护村落，不会拆。他们立马露出失望的神情。

有时候一天逛的地方多了，温桑会分不清哪个村是哪个村，只有最特别的才会让他看一眼就能报出地名。乐山沐川深山中的五显村就是让人印象深刻的地方。到了这里才发现原来四川的山中还有这样原始的造纸作坊。山坳中被竹林包裹的村庄中，有一排又一排的房子，晾晒着一排又一排的纸，在工业化和现代化的今天，给人很强的冲击。

着过了很多寂寞的老房子，温桑最大的感受是清冷。大到几进门的大院，小到川西民居小院，这些为一代又一代的人遮风避雨的房子们，现今最多的是清冷，屋檐下的榨菜晒了很多排；而人却很少。只有过年过节短暂的时刻，才会充满"人气"，才会被叽叽喳喳的龙门阵填满。

在村落里，温桑最怕的就是狗，但偏偏常常遇到狗。在战胜狗的过程中，他摸索了一个"战"狗攻略：在狗与人彼此都在酝酿的时候，一定要用眼神力压它们。实在不行的就蹲下假装捡石头，最重要的是不要跑，要镇定慢走，装作没看见。

独自逛镇转村的十几天温桑也遇到过难事儿，一次在狭窄的竹林中，温桑倒车后轮滑到沟里去了。他只有厚着脸皮找了最近的一家人，敲门进去，正好有个大叔，递了根烟说了下难处，大叔二话没说给他找了五六个人，把车给他抬了出来。这种对陌生人的不设防，让温桑一路都觉得很暖，哪怕一人在夜晚的山里开车都不觉怕。逛完这些村落、古镇，温桑拍了几千张照片，他也并不知道自己这趟无聊之行记录的这些片段有什么用，可能就是在城市里生活太久，对乡土、对村镇的一种执念吧。TZ

● **没味觉的调酒师给我调了一杯超有味的酒**

MEI WEIJUE DE TIAOJIUSHI
GEIWO TIAOLE YIBEI CHAO YOUWEI DE JIU

/ 吴逸韵

欲望都市里，Carrie 和闺蜜们聚在一起时最爱喝大都会，詹姆斯·邦德一试便误终生的 Vesper Martini，杨千嬅连饮 8 杯长岛冰茶，换来歌词里"半晚安睡"……一杯直抵人心的鸡尾酒，灵魂就在于调酒师。

Nadia——业内"大神级"调酒师，Na Riddle 创始人，江湖人称 Na。

第一次见 Na 姐，是被朋友带去 Na Riddle 的开业趴，她站在吧台后面一杯接一杯地调酒，期间时不时抬头和客人打招呼，来的人几乎都是她在哪儿调就跟到哪儿喝的老熟人。女调酒师本来就不太常见，Na 姐调酒时候看起来特别"飒"，神情专注，有种人酷话不多的气场，成功引起了我的注意。

踩着"80"尾巴出生的 Na 姐，已经攒了整整 15 年工作经验，而且充满了"传奇"色彩，虽然她自己讲起来觉得都没什么可说的。

年纪很小就选择离开老家内蒙古去北漂。从刷厕所、抹水池的保洁工作做起，一路把副本（游戏里的一个特色玩法）刷到了星级酒店主管。Na 姐在职业上的规划特别实在，只要做到"今年比去年好"，她就感到知足。

和调酒结缘，算是歪打正着的巧合。带着打酱油的心态陪朋友一起去上海参加调酒师比赛，结果第一次就晋级。也正是这次没什么野心的尝试，开启了她的调酒生涯，才有了接下来几年的披荆斩棘。

作为一个"比赛型"调酒师，Na 姐在 2013 年拿下中国国际调酒大师赛全国总冠军，此后更是在众多赛事上拿奖无数。World Class 上她一个人在 8 分钟内用不同方法、不同的酒，调制了 10 杯风格完全不相同的鸡尾酒，一举拿下全国速度赛冠军。

原本以为调酒比赛是调酒师花式炫技的秀场，毕竟好不好喝全凭主观判断。可是看了 Na 姐此前的参赛作品，才理解她所说的"调酒作品是个艺术品呈现的过程"。为了展示参赛作品的艺术性，她写过"一颗樱桃醉名伶"的诗句，也整整两个多月每天坚持苦练三个小时小提琴，甚至还花两个月时间学习四川传统长嘴壶茶艺的"龙行十八式"……在参赛作品的丰富呈现上，Na 姐几乎无所不能。

命运的玩笑，总是在太过顺遂的时候悄悄来临。因为比赛，Na 姐成了调酒师，也正因为比赛她遭遇了职业生涯最大的冲击——失去味觉。由于高强度的比赛节奏，在比赛过程中一时"尝不出味来"的小事并没有引起重视。直到赛后半个月，她才后知后觉地发现自己似乎吃什么都没有了味道。对于调酒师而言，没有味觉这件事几乎是给职业生涯判了"死刑"。

四处求医问诊，几度情绪失控，这些"黑暗过程"Na 姐都经历过，为了恢复味觉，她还尝试过在舌头上针灸，忍受了常人无法想象的痛，最后收获的只有失望。Na 姐现在说起来，一脸云淡风轻，"其实想想除了做不了调酒师，其他方面也没特别大的影响。"但这中间，到底经历了多少，在她如今的笑脸上，我已经无从揣测。

失去味觉到底是种什么样的感觉？

一般谈到味觉的时候，我们认为它是透过遍布舌头的味蕾来感知的，可在这层感应之外，我们往往忽略了一种风味其实会带来一个综合认知。Na 姐只是缺了这项认知里关于味道的一部分，当失去了味觉，其他感知能力会变强，对于风味也有了新的理解。

走出自我怀疑情绪之后，Na 姐在调酒时仿佛打开了全新视角，跳脱出口味的局限，在材料组合、比例搭配上形成了一套她自己的体系。失去味觉，在调酒上却玩出了更多花样，于是有了 Na Riddle。Na 姐以自己的名字命名，打造了一个她最想用来表达"酒"的空间。

位于市中心闹中取静的地段，甚至店外目前是条没开通的断头路。门口醒目的英式巴士车站站牌，带人开启一段"谜"一般的旅程。

Na Riddle 从下午 4 点开始营业，除了传统鸡尾酒，Na 姐在酒中还加入了不少中式元素——醪糟、茶、白酒。经过她的神奇创作，喝完给人一种似曾相识又说不出所以然的奇妙感觉。

熟悉 Na 姐的人多少都体验过她的随性创作——了解你的口味之后以瞬间灵感自由发挥。而且她并不会去记下这个配方，Na 姐说："一杯酒就是一个味道，而这个味道只属于你，只属于此刻。"以至于自己到底能做多少款酒，她也不清楚。

朋友作为 Na 姐第一大粉丝，她说从来没在 Na 姐那儿喝到过重样的酒！

Na Riddle 更新的酒单也很会玩，以"第一杯""下一杯""第三杯""最后一杯"为名，依次喝完四杯，还会免费送上第五杯完美收官。除此之外，每杯酒都会送面定制的小旗，攒小旗还可以不定期兑换惊喜。

酒喝到一半，Na 姐说："来份我们自己做的冷面吧，新菜单上刚刚加的。"

"冷面配鸡尾酒？"

"为什么不可以！"

我问 Na 姐："如果不做调酒师的话，现在会是在做什么？"

Na 姐抬起头，"在老家。盖房子，种地，卖空气。"

● 他在理工大打锅盔

TA ZAI LIGONGDA DA GUOKUI

/ 胡琴

去之前，我有点不放心，打电话过去问是否还在营业，接电话的是个中年男人，得到的答案是："在开。"

"几点开门啊？"
"七点。"
"那我明天来吃一个。"
"好。"
彼此没有一句多余的废话。

第二天一早，从理工大学地铁口出来，导航显示离目的地还有 1.5 公里，骑车需要 8 分钟。

踏进学校的北门，立刻就忘记了刚才路过施工现场吵闹声的烦躁，这里太安静且……萧条了。

教学楼的路两边都是枯黄的梧桐，偶尔有一两个人骑车路过，能听到车链子咯嗒咯嗒的机械声。沿着这条路一直走会看到一条河，著名的东风渠毫不犹豫地把这种安静的气氛斩断，桥头是曹氏鸭脖和各种小吃，一面墙上一层又一层地粘着考研海报。再往前走两步是家属区，一片红砖旧楼房在灰扑扑的天气里很瞩目，老李的太子锅盔就在这栋旧居民楼里。眼睛不尖的人真的找不到，我从他门口路过了两次都完美错过。因为他的锅盔连个摊摊都算不上，就是一个……窗口。

房子是老李妈妈的，去世之后他接管了，把原来卧室的窗户往外一推，摆了两个筲箕，侧边挂起价目表，在学校里面卖起了锅盔。

老李面相凶狠，但其实这辈子都没和人红过脸。他以前是学校保卫科的，在理工家属区长大，这一片他混得太熟了。学校不准这样摆摊，但是也没人敢吼他。周围的人都喊他一声"太子"，这两个字就暗藏着一个意思：惹不起，惹不起。

"太子"年轻的时候去云南做生意，刀光剑影、大风大浪都见识了，到了五六十岁，打算洗手做羹汤了，跑去军屯镇买了一个灶台，然后去市场买红糖，在家揉面、擀面、烘锅盔。老李做锅盔都是耍生意，纯粹是找点事情做，不让自己闲着而已。

他的日程安排和学校的校历完美配合：法定节假日和寒暑假，他都要关门休息；一周只卖五天，周末你连他影子都看不到。一到周五的下午，他擀面的动作就格外快速，"我心里是慌的，想去钓鱼了。"

他热爱钓鱼，手机支付的时候你能看到他特别为自己挑选的头像，那是他在一次钓鱼锦标赛上拍的。

虽说是耍生意，做起来还是认真了。老李前段时间去街子古镇耍，看到有卖那种小个儿小个儿的红糖锅盔，他买来尝了一口，连连摇头。在他窗口卖出去的红糖锅盔，每一个都是他手工完成。本来也买了机器，做了一次发现味道不行，就丢隔壁房间积灰了。

他的初衷是不想闲出病，现在好了，不仅没有生病，两个手膀子还揉出了结结实实的肌肉，一般年轻人的力气都比不过他。

你说一个红糖锅盔能有多惊艳多特别吗？倒也不见得。但是，在吃完刚出锅的两个锅盔之后，我必须要说，老李的锅盔吃起来是真的香。第一口咬不到红糖，但是面香味立刻充满整个口腔，一点不觉得乏味。红糖是他去市场精心挑选的，不会过于甜腻，也不会流得到处都是，均匀帖服在面皮儿上，和白面相得益彰。

本来以为年轻学生只会喜欢吃法式甜品蛋糕，结果理工大的不少学生都被他的传统手工锅盔征服了，一到课间，他的小窗口就堆满了脸。

"有红糖的吗？"

"有啊。"

"要一个。"

"好嘞。"

老李有个奇怪的本事，一有学生来买，他的成都话立刻就切换成了普通话，而且京味十足，像个地地道道的北方人，而实际上，他连北京都没去过。

一位女同学买了锅盔，因网络信号差，手机怎么都扫不起付款码，老李抄着手靠在窗边："没事儿，赶紧拿走去上课，有网的地方再给钱。"

他喜欢和学生打交道，说小孩单纯好相处，在外面做生意就不敢这样了。赶着上课的学生路过他窗口，拿了锅盔就开跑，边跑边吼："叔，我等会儿给你转钱哈。"到早午餐高峰期，他在房间里拼命和面，学生就自己在筲箕里拿锅盔装袋子，付钱走人，彼此之间配合默契。

和他混得熟的几个学生有特权，他们等着排队的人群散去了，笑嘻嘻地仰着头说："我想要一个可以爆浆的红糖锅盔。""我想要一个脆皮一点的。"老李都满足他们的要求，毕竟有时候忙起来，他要使唤这些男生去小卖部给他买烟。■

● 她的确是炸了 7 年土豆的女人

TA DIQUE SHI ZHALE 7NIAN TUDOU DE NVREN

/ 胡琴

下午五点半，海椒市街上的"落舌冒菜"前已经开始排队，等待着吃一口网红冒菜的人们丝毫没有注意到，马路对面的那个老小区门口，王姐的摊摊又炸出了一份优秀的土豆。我的朋友王月是一个热爱炸土豆且挑剔的女人，在此之前，她心目中炸土豆第一名是都江堰的爆炸土豆，在发现王姐的炸土豆之后，她就再也没有往都江堰跑过。

这个老小区门口有四大摊位，最里面是一家火锅粉，大门左边是卤菜、右边是炸土豆，最外面摆了个冰粉摊，四个老板儿都是小区住户，摆摊摊做个耍生意。卖冰粉的大姐去对面抽烟了，有人要买冰粉，炸土豆的王姐就扯起嗓子吼："冰——粉——"；王姐跑去和别人闲聊，有人买土豆的话，卖卤菜的人就会站出来喊："土——豆——"

卖什么就喊什么，这是四大摊位老板儿之间的默契，这样喊惯了，整得大家私下也是这么称呼的，"土豆，你儿回来了，没带钥匙……"

这四个摊摊生意最红火的还是要属炸土豆的王姐。今年是王姐在海椒市炸土豆的第七个年头，每每一到了夏季，她就有点忧愁，"天气热了，大家都不想吃油炸的东西，生意不好，我都想放假了。"说自己生意不好，事实却是我在王姐的摊摊上坐了 10 分钟，来买土豆的人根本没有断过。一个初中生妹妹买了一份土豆，拿了一张 100 元出来，王姐说："找不起，算了，你下次来再给。"

妹妹有点着急了，说今天是我这学期最后一天，考完试就想吃份土豆，我也不晓得好久再过来了……

她说的生意不好，是和冬天相比。天冷的时候，王姐要从下午 5 点开始，一刻不停歇地炸到晚上 8 点，3 个小时里不间断地做出一份又一份美味。王姐自己谦虚得很，一直说自己的土豆没什么特别，"大家不都是这样炸？"

和一般的狼牙土豆相比，王姐的土豆略薄且宽，这种形态的土豆可以让那些喜欢吃粑土豆的人不用等那么久。

王姐的土豆下料狠，她自己喜欢重口味，特别是油炸的东西，"味道轻了没意思。"最值得一提的就是调料盘中最瞩目的这个红油，别人炸土豆喜欢用干海椒面，添蒜水之类，但是王姐不整那套，她自己煎好红油撒上芝麻，香、辣，又提味。

通过对火候的掌握就看得出来，她的确是炸了7年土豆的女人。土豆丢进油锅立刻在里面炸裂翻滚起来，这个时候王姐迅速拌好调料，再稍稍关小一点火，30秒后拿漏勺捞起来，土豆油光锃亮，上面还冒着些小泡。怎么说呢？看质感，像刚出锅的薯条。

倒进调料锅，王姐的绝活来了，她左手拿勺子，飞速搅拌，手腕几乎是360度地旋转，让土豆在锅里做起了托马斯全旋。如此用力，只是为了让每一根土豆都能均匀地裹上调料。就是因为这个动作，左撇子的王姐前年手腕突然生病了，使不上力，去了好多趟医院都不见好。她根本不吸取教训，稍微康复一点之后，又开始疯狂地搅拌。

虽然每天都跟土豆油锅打交道，但是看得出来王姐是个精致的女人，她耳朵上戴了一颗耳钉，又挂了一串耳环，手机壳上也是一串晶莹的串珠。王姐瘦削小巧，手臂上的肌肉看起来格外不协调，我原本以为是拌土豆拌出来的肌肉，王姐笑惨了："咋可能嘛，这是我小时候练杂技练出来的！"

不问不知道，一问吓一跳，这个站在角落里不起眼的炸土豆女人，曾经竟然是一名能连续后空翻一串的杂技演员。八年的杂技练习，伤了王姐的腰，所以摊摊上有一张软椅，没生意的时候，王姐就坐下来啃西瓜，拿起手机看电视剧。

看，不过几分钟，又有人来了，王姐只好给西瓜拢一个袋子云炸土豆。🔲

● 王医，四川足球 20 年来绕不过的人

WANGYI, SICHUAN ZUQIU 20NIANLAI RAOBUGUO DE REN

/ 彭何

年过六旬，王永明又回川足当队医了，大家习惯叫他王医。从全兴队到谢菲联，又到现在的成都兴城足球俱乐部，魏群、马明宇是他最早接触的一批球员，他是庞大足球系统中一个不可或缺的幕后人物，问他对四川足球有什么贡献，回答"从来没想过我对四川足球有啥子贡献"。

对川足不离不弃，只因——"这份工作是一份享受。"

1995 年赛季，甲 A 联赛的某轮比赛，全兴队和八一队在成都较量，关乎荣誉的一战，特批之后全省直播赛况。突然，全兴队的魏群翻了一个跟斗，惊险的一幕，所有人的心都提到了嗓子眼儿，"成都保卫战"已经容不得半点损失。

王医赶快跟了上去，帮助魏群翻身之后，只见魏群满脸都是泥土。魏群马上被送到医院，比赛继续。仔细检查一番，没什么特别严重之处，万幸。不久之后的比赛，"成都保卫战"也传来捷报，全兴队保级成功。成都老百姓在敲锣打鼓声中把川足球员们送到赛场，之后更是锣鼓喧天地把他们送回去。

门卫黄大爷回忆，"浩浩荡荡的队伍，晚上 10 点过在锦江大桥附近都还听得到声音。"完成任务，王医这时候可以稍微歇息一下了。

王医现在在兴城足球俱乐部依旧当着队医，顺便弄弄后勤。但凡听过这位老爷子一点点故事的"90 后"球员，没有人不对他恭恭敬敬。王医常常照顾新队员，他说他就把他们当自己的娃儿一样，休息回家也不忘叮嘱他们继续保持适当的恢复训练。

他是四川足球历史上绕不过的队医，魏明、马明宇……是他最早打交道的一批球员，私交一直不错。有年魏群从国家队回来找他，说脚不舒服，王医根据描述判断他是骨折了，魏群不信，"要是骨折了，我为什么还可以参加训练，还打了两场比赛？"结果最终的检查显示，魏群跖骨的确骨折……

身经百战，已练就火眼金睛。王医的医疗水平之专业，大家一直都非常信服。

1999 年，蒲江基地正在修建，总经理黄建勇通知王医去开会，他就把需要些什么器材、要多少间房子来做医务室，每间要多大面积等的想法都说了出来。很快，桑拿室、按摩室、理疗室、治疗室，超声波、超短波、中频、TD……在当时算先进的设备及配套都齐全了。后来的十多年，王医一直用着这些日渐落伍的设备给队员做康复。不离不弃，他见证着成都足球几个俱乐部的兴衰交替。

以前川足还有个李国旭，现在在大连当教练。谢菲联时期，从英国回来的孙继海真的一点架子都没有，可他踢了一年之后也走了……现在王永明的电脑依旧能够翻到 1999 年 12 月 1 日之后的日记——那天他刚刚改用电脑记录。每位球员当天干了什么，伤病怎样，当事人早已忘记，但他却门儿清。

随便点开一页，"1999 年 12 月 14 日，姚夏，国家队在珠海的集训"，尽管字数不多，但所有如开头提到的 1995 年赛季甲 A 联赛那场比赛的画面，都开始在脑海中清晰浮现。

一点一滴皆过往。再次归队，重新开始，在六十多岁的年龄。"喊我回来工作，为啥我还回来，这份工作是一份享受！"

一直在参与、经历，从全兴到谢菲联，成都球市沉寂了多年，今年年初成立的兴城足球俱乐部又让人兴奋起来，看见了希望。

王医又可以在球场上找到自己的乐趣了。而成都又多了一种团结、凝聚的方式，只要有一支足球队在，万一哪天又听见了如 20 年前的那声"雄起"呢！无关输赢，只要这声音在，也够了。

● 和一个始于 1988 的烧烤摊摊闲聊

HE YIGE SHIYU 1988 DE SHAOKAO TANTAN XIANLIAO

/ 李佳蓓

出门时，打了个寒战，摸出手机看了下，只有 7 度。不知道今天他出来不？快到天桥时，心里还有点打鼓，但刚过了路口，就看到了那个红底白字的小牌牌，一阵窃喜，出来了！老板儿今天戴上了毛线帽子，穿了个厚棉衣，鼓鼓囊囊的。

"咋好久都没出来？"我问。

老板回："休息了二十多天。"

荣发烧烤在我们这一圈儿摆了好几年了，像打游击一样，这个楼下摆两年，那个口子上摆几个月。最早用炭烤，三个月前才改成了电烤。最早吸引到我，是因为他牌子上写着"历史一九八八年"，29 岁的烧烤，比我年纪还大。

和老板神聊才知道，老板 1963 年生人，孙子都有 4 个了。早年因为兄弟姊妹多，小学上完之后就去了新疆打工，后来遇到了老板娘，耍朋友了就想回来安家。没有学历，没有技术，就开始摆烧烤摊养家糊口。从春熙路到磨子桥，从青羊小区到石人小区，再到大源、华阳，现在因为白天要接送 8 岁的孙子上下学，才开始在南延线上摆摊。

近30年时间，徒弟收了一大堆，老板傲娇地说："我生日的时候要坐十几桌哦，光是华阳就有十几家是我的徒弟。"

我好奇，"为啥不开铺子，不做大？"

"嗨呀，我有几斤几两自己还是清楚哦，那几年的小学毕业，当现在的幼儿园都当不到，我有没得能力去管理嘛？"

"那为啥不开外卖？"

"在外卖啊，她送嘛！（指着老板娘），软件那些要分成，划不来啊！"

"咋送啊？"

老板娘回："骑小黄车送三！"

这么冷的天……

说着，一辆白色豪车停在了小黄车后面，一大叔打开门就开始问："最近没看到你们呢？"

"今天第一天摆，前段时间休息了。"

老板压低声音："X山的客人多得很，一般要点一百以上才给他们送，里头太远了。"

想到一位常来的客人，老板边说边笑："当时那个娃娃还在川大读书，伙起几个娃娃来吃了不给钱，老子拿着菜刀跟着他撵。后来他毕业了结婚了，都带起娃儿来喊叔叔了，还经常说起当年的事，就住在前面麓山。"

卖烧烤三教九流都见过，提到附近的一个小区，老板说："太有钱了，有一次四个车把我烧烤摊子围了，我只认识一个车，宾利，其他的都认不到，应该也是豪车。问他们喝什么，他们直接说自己带了，结果放桌上的是人头马，摆些龙门阵陡得很，说再挣一千万就不挣了！"

"还有一群运渣车司机，从我们在大源摆的时候就来吃，现在搬到这边了，经常一堆人开着运渣车来吃，轰轰隆隆的，之拉风。"

说到华阳某烧烤摊八卦，老板也很来劲："哎呀，他们家以前还可以，后来两口子离婚了，女的有财运，自己开店做，生意之好；男的那家完全没得人咯。"

荣发烧烤自从炭烤改成了电烤，味道确实少了一点烟火味，不过茄子依然是一绝，蒜香味儿浓，茄肉肥软带着汤汁。鲫鱼肚里腌了剁椒，肉细嫩入味。最后一步是烤好撒点大头菜颗颗和葱花，拔高了整个烧烤的香味。

边吃烧烤，边听老板的龙门阵，不到半小时，湿冷的潮气就把腿上的温度都抽走了，冻得膝盖疼。

"这么冷，要卖到几点啊？"

"冬天基本上要卖到（凌晨）一点左右，夏天人多点，要卖到三四点。除了生病、下雨都会摆，过年过节都不休息， 因为过年过节才是生意最好的时候。"

"这样熬夜岂不是很亏身体。"

"有啥法嘛，我们这么年轻，又没得文化，能去干啥嘛？趁现在扭得动，就帮娃娃减轻点负担，帮他们一把。"

两个都是奔六的人了，一个烧烤摊子摆遍了成都的东南西北，拉扯大了两个子女和四个孙子，还在说"能动一天，就会干一天"。

老板娘有时会叹息几句："经常被收桌子收板凳，撵来撵去。"

但是他们还提着一股劲，想为子女多挣一份，多帮他们一把。

走的时候老板说： "等明年 30 周年，我要办个庆典，专门拿几天来 5 折回馈老买主，要来哦！"

一副宏大的场景瞬间就出现在我眼前：开运渣车的、开宾利的，蓬头垢面的、油头粉面的，桌上有二锅头，也有人头马，从成都东南西北赶来的人，一起来吃一个吃了十几年二十年的烧烤…… 🆃🆉

● 庆云北街，搞艺术的蘑菇头小哥哥烤起了蛋烘糕

QINGYUNBEIJIE，GAO YISHU DE MOGUTOU
XIAOGEGE KAOQI LE DANHONGGAO

/ 雷曜维

有一天，我们吃完饭回来，发现在公司楼下一众的串串、猪脚饭里，居然开了一间明黄色的小铺。"可能是要开个啥子小清新的港式冰室。"同事猜道。

居然敢开在郭氏的旁边、鸿盛面庄的对面，初生小店不怕虎，恐怕很快就会被这一片地地道道的四川胃教做人。

这句话说完之后的第二个月，黄色的小铺开张了，没想到的是，它居然是一家蛋烘糕店。

一去就被吓到，生意比我想象中的好多了。白色的小窗口前人头攒动，隔壁子飘香的串串和晶亮的叉烧都无法动摇这条忠诚的队伍分毫。老板只有一个，是小窗口里露出的那个蘑菇头。动作绝对称不上利落，8个蛋烘糕整了十来分钟，简直是要被游摊嬢嬢弯酸的慢动作。蘑菇头小哥哥脸涨得红红的，但手上依然慢条斯理。

店面狭小到没有坐的地方，外面四个蒲团，就是这间蛋烘糕店的 VIP 卡座了。健谈的蘑菇头小哥哥说，店名"居间"在日语里就是客厅的意思，这间铺子就像是自家客厅的一种延伸，吧台设计得矮一点，方便他假吧意思和客人吹吹壳子。

等待蛋烘糕完成的间隙里，我就知道了他喜欢樱木花道，是成都土著，还是个激情的艺术家。在他说到他就喜欢和形形色色的人聊天刺激创作欲的时候，还抽空抬头对我笑了一笑，"你懂得起三，我们'80 后'都这样。"

在我和蘑菇头小哥哥有来有往职业假笑了几个回合之后，我的肉松芝麻酱蛋烘糕新鲜出炉了。

蘑菇头老板很贴心地提供了两种装备，一种是盒装，一种是最原始的牛皮纸。拿一张牛皮纸小心翼翼地包起这烫手的美味，咬一口，一嘴夯实的花生酱瞬间化成一顿劈头盖脸的洪拳，直直冲我面门而来，结结实实地把我打来闷起。

愣了可能有 30 秒，我才缓过劲来，吃到了蛋烘糕本来的味道。绵软、不腻，边缘焦脆、内里松软，好吃。不过可惜的是这花生酱、肉松、芝麻白糖、老干妈，都是现成的东西，吃不出老板的手艺。

蘑菇头老板问我："咋样？"

我点头，"你落料也太耿直了吧，跟哪个学的哦？"

蘑菇头老板指指外面"素人咖啡 /蛋烘糕"的店招，说："网上学的。"

蘑菇头是一颗上进的蘑菇，当即就约了我第二天中午去吃他的招牌——他亲手炒的山椒肉臊子。是真好吃呀，人生中第一次在蛋烘糕里吃出结实的川味。藤椒香芽菜香肉沫子香，本来都应该是直接的、剧烈的香味，但因为混合了蛋烘糕的松软，在口腔里每一寸沟壑里的撞击都变得柔和亲切了起来。

烈女怕缠郎，大概指的就是藤椒碰上蛋烘糕吧。

我没有问蘑菇头老板的故事，是因为我觉得按他这么健谈的性格，如果愿意讲的话早在烤蛋烘糕的时候就一并抖搂出来了，但是他没说。我只知道他是个艺术家，这个十平见方的蛋烘糕小店会成为他将来的一个装置艺术项目之一，就在这条飘满了麻辣香气的喧嚷小街上。

他是做什么艺术的，我不太清楚；未来这个装置艺术项目具体会展示什么，我也不知道。▪

Almost Four

肆 空 间

"公司" 艺术项目
COMPANY ART PROJECT

慶雲北街
街道艺术季
Art for Public Interest

2019。

庆 云 北

艺术家的

街 街 道

Art for

Public Interest

● 青年网红作家 MC 拳王的前半生

QINGNIAN WANGHONG ZUOJIA
MC QUANWANG DE QIANBANSHENG

/ 李佳蓓

在见到这位作家之前，我是在网上看到一篇菜谱——《如何做出又红又专的红烧肉》——后关注到他，并成为"拳迷"，之后他以《肥肠之神》《你真的了解生蚝吗》等文章迅速蹿红，篇篇惊人，接着出书、签约张嘉佳的影视公司，一路高歌猛进……

看过他文章的人，都为他特立独行、自成一派的文字风格痴迷，他的故事里有武侠世界的刀光剑影，也有粗俗直接的屁股和胸，还有欧几里得几何一样的严谨，摸不透的风格让你看得热血沸腾。

除了他的文字，关于他的颜值，拳迷们也一直处于高度的好奇。网上能零星地看到他的侧面，肌肉发达、文身环胸，戴着拳击手套，分分钟荷尔蒙爆棚要跟人干一架的气势。

靠着细节和侧脸，我在人群中识别到了他，他和想象中的"网红"作家不同，穿着淡蓝色的衬衫，因为白显得很笔挺整洁，像刚从高级写字楼出来的精英，但旁边的双肩背包和一把咖啡色格子伞又让他带着一股学术气息。

故事，编的。

看完这身派头，我婉转地打探了一下他的职业，是否如书中所写，是
中科院做生物研究的？他想都不想脱口而出："那是假的，我编的！"

我顿时哈哈大笑，觉得被骗了，他冷漠地看着我这个笑点很低的发问
者。跟我一起被骗的还有很多粉丝，更有甚者专门买机票来找他也写过
的一个"于勒小馆"。

"我写的于勒小馆是假的，阿姆斯特丹也是编的，那些故事里养猪、
养羊、养驴、养鹅的内容是编的……经常出现的表弟小刘是真人，屁
股很大的王睿也是真人，但他们身上的故事都是编的。"

我很惊讶怎么可以胡诌得那么真？

他带着宿醉的脸，夹起一块儿豆干送入嘴里，说道："昨晚喝大了，今天没啥胃口，这会儿特别饿。"咽下豆干儿，他才接着说，"爱因斯坦是我的偶像，我写的这些文章都是我在做思想实验。"（我迅速百度了一下思想实验是什么，是指使用想象力去进行的实验，所做的都是在现实中无法做到或现实未做到的实验。思想实验需求的是想象力，而不是感官。）

所以他写的阿姆斯特丹是根据朋友的描述、感受、照片编出来的，其他的很多故事都是他精心营造的实验效果，为了对得起粉丝，为了让所写的故事（实验）更真实，写猪就把《种猪养殖技术》看一遍，写驴就买本《肉驴养殖精要》。

一个作家，上午 8 点半开始是金融机构员工，下午 6 点之后是个拳手，练肌肉、吃健身餐，晚上 9 点之后，回家看《种猪养殖技术》、写作，他生活简单，处于没有起伏的安定状态，却在夜晚思潮汹涌地写出了宏大的故事。

饭间，他突然呼喊服务员，拿个热毛巾，服务员应了，说"没有"。

我纳闷？递了纸过去。他抱歉道："我身上滴上了油，擦一擦，要不显得很不尊重你。"其实他不说，我压根儿没看到他身上滴上了油。

饭局过半的一个小时里，他礼貌又冷漠。他会专注和真诚地回答问题，甚至在被其他问题带偏后思路清晰地再绕回来，你也会被他的回答打动爆笑起来，但他依然高级地管理着自己的面部表情，不露一丝缓和。他又很坦诚，常说生活很艰辛，自己笑点又高，所以几乎不笑，觉得没有什么好笑的，除非是看《乡村爱情故事》、英式笑话百科，或者是广场舞大妈尬舞，才会笑。

他自嘲是一个很闷的人，所以喜欢喝酒，喝完酒之后，会变得开朗起来。在这之前的一个月，他刚因为喝醉酒犯傻，推碎了某家店的玻璃门，并反复强调，真的是"一推就碎了"。

他酒量其实不小，白酒可以喝一斤，啤酒十几瓶没问题，在年少轻狂的时候，他会在粉丝群里唱《浮夸》，或者发微博：我爱你们。

当被问到现在还会这样吗？他警惕地反问："你怎么知道？"一秒后卸下紧张的面部表情说："我现在成熟了，不会这样了，群也早就退了。"

身世，光环。

作为一个写美食出名的作家，粉丝们都称他为"王"，微博微信下面永远有滔滔不绝的表白。这样潇洒的文笔不知道是不是与他的成长环境有关。他舅公曾是四川省文联主席，而他奶奶的父亲是巴金的大哥，也就是《家》中大少爷"觉新"的原型，父亲是位科学家，这样的环境下，他从小成绩优异，自带光环。

聊到这里，我很惭愧地说自己其实并没有看过巴金的小说，他表示无所谓的，现在没几个年轻人看过，他自己也是被奶奶逼着看完了《家》《春》《秋》。最仰慕的作家其实是王小波，而最近在看美国小说家赫尔曼·梅尔维尔的《白鲸记》。

成名之后很多人找上门，他最终选择签约了张嘉佳的影视公司。问到改变，他叹了口气。现在最困惑的是亲朋好友们吃饭都找他推荐，以为他特别懂吃，而他坦言，不喜欢吃，也不喜欢旅行。食物对于他来说只是维持生命的一种物质，吃饭对于他来说只是社交的一种方式。

"而且我要健身，要保持身材啊，我现在比之前重了10斤。"但是，他半个小时前却对没点到这家店的招牌肥肠露出了丝丝遗憾。

成名，红了。

本想隐藏身份的他，陆陆续续被亲朋好友们挖掘出来，不少同事还找他要签名。科学家父亲对于他文中比较露骨和风流的部分，委婉地建议道，"能否减少低俗的描写？"

他说："长辈们也许不明白，我并不是为了低俗而低俗。"整个聊天过程中，他有理科男固有的沉闷和严密逻辑，也有聊起家人时的表情突然柔软的时刻。

拳王的迷妹众多，每天在他文章下认"老公"的人一堆又一堆。

拳王的感情史颇丰，他说自己谈过太多女友，都记不清了。初恋是在高二，被班里一个长得像李铁的女孩子追求，就在一起了。作为外貌协会、只相信一见钟情的人，他不知道为什么当时就和这个男孩子气的女生好了，他说这个女生并不是自己自幼喜爱的类型，但是居然在一起了四五年。

最刻骨铭心的要算是大学时谈的女友了。"5·12"汶川地震后，他去川大的操场寻找女友，偌大的操场人山人海，但是他一眼就看到女友，并把她带回了爸妈家。他说："当时地震，我总不能不陪我父母吧，但是又不能不管女友吧。"

偶像派作家也有孝顺和深情的一面。

分别的时候，想请他为粉丝签个名，并拍张照，他不愿露脸，认真思考后才潇潇洒洒地写下了一句话，"吃不是目的，故事才是。活着不是目的，生活才是。" TZ

● 青铜煎茶煮水，青椒皮蛋下面，这位先生妙不可言

QINGTONG JIANCHA ZHUSHUI, QINGJIAO PIDAN XIAMIAN,
ZHEWEI XIANSHENG MIAOBUKEYAN

/ 李佳蓓

在成都提到安逸，第一个联想到的地方就是三圣花乡，这里是成都最有草木气的地方，错落的别院池塘、花园书房带有田园生活的惬意。

到了周末，来吹风赏花的人们从白桦林路、海棠路、栀子街、椿树街、茶花街这些美好的地名穿行而过，汇聚到成龙大道，再到幸福梅林。成龙大道上有幢黑色建筑，一直在桃红柳绿中引人注目，每次路过，它的形态，都让人忍不住多望两眼。

黑色建筑外墙上有一行低调的灰色小字写着"许燎源当代艺术馆"，"当代"再加上"艺术"，似乎与抱着花草路过的人们有一丝距离感，建筑造型的艺术气多过了红砂村的生活气。

这个建筑在此地已有十多年，许多次路过，但从未进去，但许燎源这个名字多看几次又带着一丝陌生的熟悉。一次偶然的机会，在一个春日的下午终于进去转了转，院中很静，花木繁盛，蔓藤遮住了墙。

边走边好奇，许燎源究竟是个什么样的人，是个长发的画家？还是一个白胡子的老头？为什么会选这个地方建自己的博物馆。

时间倒回到 20 年前。

1988 年的三圣乡还是一片广袤的菜地，村里的第一个万元户刚靠种鲜花发了家。那一年，一个从景德镇陶瓷学院毕业的小伙子不安分地辞了职，巧合地去了糖酒会，在成都糖酒会马上要闭幕时，找了一个不要钱的摊位，买了几瓶一块八毛钱的沱牌酒装在了自己设计的木盒包装里，标二十多元售卖。没想到生意出奇的好，很多人订货，把他当成了厂家。

2000 年他设计的"沱牌""舍得"包装推出后，在酒界引起了轰动，获得故宫博物院收藏，从此开启了轰轰烈烈的白酒设计运动。但酒类设计并不能完全释放他的艺术才情，他开始做雕塑、产品设计、绘画……多得没地方放了，就想干脆修个馆把这些陈列出来。这个人就是许燎源。

对生活充满热情的他，打破了生活与艺术的边界，2007 年在这个满是花农的三圣花乡建造了国内第一个以设计为核心的私人博物馆。

从黑色的许燎源现代艺术博物馆往里走，会看到一个白色的折叠建筑在云下微微发光——这是 2017 年 3 月才开馆的"青铜艺术馆"。

这里藏有许燎源设计的 100 多件青铜艺术作品。我们在历史课本里都学过，青铜是人类历史上一项伟大发明之一，从夏、商、西周到春秋，约经历了 15 个世纪，到了先秦"国之大事，在祀及戎"，青铜器作为当时最先进的金属冶炼和铸造技术被主要用于祭祀礼仪和战争。经过漫长的社会变迁，现在，青铜器在大众眼里变成了只可远观不可亵玩的古董，他们被安置在冰冷的博物馆中，等待人们观摩。许燎源把这种冰冷的合金，重新定义、创作、复原、推展，把青铜器送达生活中。

这个想法感觉有点疯狂，光是听听，都觉得不可思议。"艺术如果和生活无关，那我们要艺术来干吗？"这是他常说的一句话。

坚硬又肃然的青铜，被他创造出了灵动的弧度和圆融的形状，这里的青铜茶壶不单单是个摆件，还可以用来煎茶煮水。艺术品在人的掌中摩挲、使用，便有了温度。这样打破陈腐的创作思维，与他的生活态度不无关系。青铜馆的隔壁是他的工作室，桌上散落着各种颜料与画笔。那天，他从二楼走下来，穿着一件花灰色的毛衣，头发很短，胡子整齐，引我们在一个长条木桌旁落座，随意地聊起附近农家乐的菜肴，聊起成都的艺术家们如何享受生活……

接着他点了根烟，拿出助手从老家带的麻饼，让我们配茶吃。几个人同时咬下去，这个空心的麻饼简直酥脆惊人，他呵呵地乐着说："只有南江这个地方能做出这种饼。"边吃边说，他桌上随时有零食，饿了就吃，困了就睡，并不是闷着头搞创作。

他认为现在很多人都被生存状态绑架了，社会的分工高度细化，每个行业每个人开始变成工具的一种状态，很多人会觉得现今只有生存，而没有生活。而他遵循着老成都散淡自在的生活方式，并把自己的生活方式绵延到创作中。

他并不是十指不沾阳春水的艺术家，经常为身边的人洗手做汤羹，并且对美食有自己的理解，青椒皮蛋面就是他自己创新的。饮食这个过程本身就是高度审美化了的，青椒的清香、大蒜的蒜香、花椒的麻香，加上皮蛋的蛋香，怎么可能不好吃？

这碗面，正如他的设计一样，带着温度、欢愉、自由。

在见到许燎源之前，我以为艺术家都是冰冷的癫狂的拒人千里的，在这个吃着麻饼喝着茶，聊着青椒皮蛋面的下午过去后，我才知道，原来生活和艺术的距离可以这样近。

许老师在博物馆旁边的空地上种了不少蔬菜，他和夫人热情地留我们吃晚饭，准备摘点菜叶煮南充米粉。我婉拒，出门，天色渐暗，伴着花香走出了博物馆…… 🔳

● 一锅热卤，咕嘟咕嘟烫热了不痛快的日子

YIGUO RELU，GUDU GUDU
TANGRE LE BU TONGKUAI DE RIZI

/ 李佳蓓

自从过完年，日子就在跌宕起伏中汹涌前进，总需要很大声的笑、很放荡的吐槽、喝很多的酒、塞很多的肉才觉得日子过得痛快。于是，某一天我们组了一个局。

馆子我们早就瞄好了，是朋友在知乎上发现的。但是老板一直都不开张，打了两次电话，说过完情人节再说。最近终于订上了，老板发来短信：我们是配餐形式，六十一位，不点菜哈！先交一百订金。

好嘛。

第二天，刚下班我们就打车赶过去。这是一个 20 世纪 80 年代的老小区，每家每户都安着老式的防护栏，防护栏上挂着秋裤。旁边一个小瓦房，木门外放着石狮子，嗯，就是这儿了。

进门，玻璃上贴了两个巨大的字——"兵哥"，扫了一眼，四个孃孃，只有一个光头大叔正在灶前颠锅，估计他就是兵哥。灶的对面写了一个虎虎生风的"義"字，下面五个玻璃罐子，皇帝柑酒、玫瑰酒，那成色看到都想整两杯。

这个地方真是别有洞天，一个露天小院放了几把椅子，几个大哥正在呼哧呼哧地吃面。我们上了台阶，一个小走廊把房子隔成了三间，左边是 80 年代老式的陈列柜，镂空木窗下有点"烘烘儿"太阳洒下。

右边是个大房间，窗前有个大桌放满笔墨纸砚，墙上挂着挥毫泼墨的国画。走廊尽头是我们订的 8 人桌。一进去，土碗装的菜已经在桌上摆得满当当的。看我们来了，嬢嬢端了两盆卤水汤上来，又把酒给我们上起，开整。

先倒肉，鸡肉、卤肉、猪舌、肥肠往里倒，等锅开的时候，嬢嬢又把小香菇烧鸡和笋子烧牛肉这些热菜端上来先垫到肚子。

锅一开，肉在锅里翻腾，先捞根肥肠，蘸了下海椒面，弹、糯、滑、烫，嚼了两口，舌头滚两圈儿，带着烫就吞了。大家都有点稳不起了，锅高，所有人站起来开捞，老板准备了醋碟、红油碟、海椒面碟三种蘸料，捞片炉嘟嘟的卤肉，先去醋碟里洗下澡再蘸干碟，简直满足。

突然有人说："要是有个锅盔好巴适。"

夹两颗卤花生，大家开始忍不住碰杯，皇帝柑泡的果酒只能一点点嘬来喝，辛辣呛喉，很烈。玫瑰泡的花酒，醇香回甜，有淡淡的花香味。你一杯我一杯，脸开始红扑扑起来，说话声音大起来。

隔壁那桌刚来，眼睛都要伸到我们锅里了，指着我们说："老板，要他们那种！"

老板傲娇："只有面！"

他们开吼："凭啥子他们有肉吃！"

老板说："别个昨天就订了，今天只有面！"

接着不知是不是因为眼气我们，两桌的声音都开始高起来，一个不到10平方米的房间，大家扯着嗓子，高声阔气地摆龙门阵，脸红筋胀地大笑。荤菜吃完就把豆筋、豆子、鸭头全丢进去煮，豆筋煮完很软很入味，带着滚烫的卤水，舍不得凉冷就想马上丢嘴里，实在抢得厉害，只好喊老板儿追加两份。

鸭头被卤水烫完之后，入口就烂，用舌尖剔骨头，啃两口鸭头喝口玫瑰花酒，简直是欲仙欲死。隔壁那桌吃面，像开挂一样，我们提高音量在这边哈哈哈笑完，他们就转过头拿眼斜我们，等转回去进行下一话题时就成了震山吼。

胖老师说："哼，有啥嘛，要拼就拼哪个最后走。"

于是我们拼了，把店里的面每样都点了一份，杂酱、泡椒鸡杂、鳝鱼。结果面端上来傻眼了，全是斗碗装的棍棍面！

咋办，只有胀完。每碗都要挑两筷子，杂酱面形容不出来，辣椒油回口有特别的香味，鳝鱼面不是宽汤，略干，鳝段厚实，但似乎比宽汤面味道更浓郁。两个小主拉锯战，还没吃完面，隔壁的一桌终于起身了。

吃完，结账，又忍不住在店里逛了下，看看老板收藏的老古董、茶砖、书画，我们抑制不住地给老板说，味道太好了，结果发现也不是老板，只是厨师。问兵哥我们是不是太吵了，兵哥说：我就喜欢热闹，你们要常来哦。

原来老板是一个叫骁哥的人。骁哥是个地道的成都人，在某企业工作，像老一派成都人一样，平时的爱好就是和朋友弄点小菜喝点小酒摆点小龙门阵，但心中一直有个情怀，喜欢在大理丽江那种院子喝。正好有个亲戚的房子在出租——这个1995年的老小区，经历了二十多年的人来人往，又老又旧。

亲戚的这个房子在底楼，阴暗潮湿，被两次改成麻将铺、一次改成仓库，最后一次是茶坊的员工宿舍。骁哥走进去很感慨，虽然这里经历过很多次转手，但是木质的吊顶、镂空的壁柜都是 20 年前成都最洋气最牛的装修风格。

"二十多年过去，木质的颜色越发沉淀，变成了深黄色，但这是现在的工人绝对做不出来的。"骁哥感叹。

于是他把这里盘下来，进行了改造，保留了很多主人当时的装修，又请成都画院的老辈子画了几幅画挂在墙上，准备在这里和朋友逍遥一下。有了环境就差酒肉了。

骁哥爱吃，认识很多真正的厨艺高手。这些高手大多都六七十岁了，几十年前他们拜师学厨，本本分分地学三五年，学得好才有工作，出师了才能进那二年辰的国营餐厅。

他们带着对餐饮的热爱一干就是一辈子。

骁哥说："说得不好听，这些都是领社保的人，到他们家里去吃他们做的菜简直是一种福气啊！"于是他希望能够凭自己对吃的那点领悟力，把这些老味道传承下来。

他找到早已消失在历史舞台的成都最牛餐馆求师学厨：西城餐厅、张麻子脆臊面、自得号蒸牛肉……

经过他们的点拨，做出了一些老味道。

骁哥说："我摊子就这么点大，不想跟风，就想还原一种记忆里成都本土的味道，还原一种家里吃菜的感觉。"

这个藏在闹市里的地方，平时外面人山人海，它就悄悄地在里甴野蛮生长。其实有点舍不得让别人知道。 🔲

● 她把一座破旧老楼，改造成
春有百花秋有月的世外桃源

TA BA YIZUO POJIU LAOLOU，GAIZAO CHENG
CHUN YOU BAIHUA QIU YOU YUE DE SHIWAITAOYUAN

/ 李佳蓓

从创业路往南走，出了三环拐进太平寺路就是四川省运动技术学院。午后路上行人零星，路的尽头是荒草丛生的太平寺机场。再沿着右边的小路前行，红砖墙、老厂房，加上锈迹斑斑的铁栅栏，让这条灰扑扑的路尤其荒凉。路的尽头有个成都滑翔机厂，20 世纪 80 年代的老楼，杂草疯长挡住了厂名。告诉睡眼惺忪的保安大叔要去"小隐"，他才缓缓地打开门。

七拐八拐地在老厂区里前行，生锈的铁门在眼前晃过，错乱的电线在头顶交织，国营大厂特有的大玻璃窗已经脏得不透光。厂区的角落，一处用竹子围起的院墙，在破旧不堪的环境里显得与众不同。这个有三角梅伸出墙外的院子，是曾经的滑翔机厂的老水房。现在这座荒芜破旧的老楼，被一个有心人改成了"世外桃源"。

改造它的女子叫莫愁。这就是她的真名——"春有百花，秋有月，夏有凉风，冬有雪，莫愁。"

第一次来到这里，莫愁就看上了这个破旧的水房，虽然知道这栋小楼会在 5 年后被拆掉，但她还是把它租了下来。她带着两个幼女，一起搬砖刷墙。请来自己的老父亲撰写门牌。把前院的荒地修成了一汪水池，水池后是惬意的露台。水池边特地安置了"三不"——不看、不听、不说。她希望一入"小隐"，能忘凡尘。

大部分时候这里是会友聊天的地方。夏天，孩子在水池里撒欢儿。秋天，就看着芦苇发呆，品茶焚香。冬天阳光很好的午后，可以晒着太阳涮火锅。

后院的环形水房被改成了"朱雀厅"，把水泥墙面拆了，装上了落地玻璃。请了 9 个壮汉，搬来了 1000 斤重的花梨木桌。

院子最深处，被她开辟了一块菜地。夏季有玉米、茄子，冬天有白菜、莴笋，要吃，随时掐一把就能下锅。菜园也是女儿们的乐园。她希望女儿们能像她那个年代的人一样，能够下地刨刨土豆，知道青菜是怎么长出来的，亲近土地而不是动画片。

莫愁为什么会逃离城市，在极远极偏僻的地方改造出这个"小隐"，故事其实挺长的。

体弱多病的莫愁，9 岁开始习武，练到了全国武术冠军，被保送进入成都中医药大学。然而，毕业后她并没进入医药行业。IT 那几年火，她去了世界 500 强，从普通员工爬到了高管。中间的苦她不提，只笑着说："全靠练武时那颗不服输的心。"

工作久了人就会变得虚空。2008年的大地震改变了很多人，也把她"震"醒了。她猛然发现，自己就在春熙路时代广场上班，竟然没见过白天的春熙路。作为外企高管，早已实现财务自由，她爱茶，于是裸辞了，开始走访茶农，游历山川，送给自己三年品茶望月的生活。

闲游的这几年，她终于知道自己要什么。开串串，做日料，风风火火了好几年。可当膝下有了两女，再春风得意都不如给娃做好一日三餐来得心安。脑中总有一个"隐"字，她想找到一个可以不那么急躁的地方，一个可以归隐的"桃花源"。

6 岁之前都在拉萨生活的她，6 岁时第一次回到成都，飞机降落的地方就是太平寺机场。一次偶然的机会路过这里，看到这个荒芜了许久的水房，就认定了。

改造完生活的环境，莫愁开始改造身心的环境。

在这里，学医的她捡起了中国传统养生方式之一的"食养"。

通俗点讲就是"冬吃萝卜夏吃姜""应天而食，应时而食，应人而食"。

现在很多所谓的做药膳的人，没有专业资质，也不懂药性。"今生无缘成良医，亦可良食济世人。"本就是中医专业的她，画了一个圆，又回归了老本行，自己当起厨师，根据二十四节气，每 15 天换一轮菜品。

菜单是毛笔手书的。菜都是当季的，有的甚至就是在后院摘的；汤是根据时令来的，冬有润肺汤，夏有降暑汤；酒是药膳酒；厨房里不准用鸡精、味精。

莫愁说，这是一家永不开门接客的地方。"小隐"是用来招待朋友家人、养生养心的地方。这里不大，但是一进门，就会觉得心里清净舒坦。午后的阳光下，不断起落的飞机可以呆呆地望一下午。有星星的夜晚，开放的庭院可以焚香静坐或举杯畅聊。

天色暗了，开了这扇门出去，厂区又变成了孤岛。我们穿越黑暗又回到了红尘中。很多时候，我们急着去跋涉、去远方，可却忘了去看清晨草上的露水。其实只要你想，每一颗浸透人间烟火的心都可以小隐于市。 🔳

● 一个 90 岁妈妈和她 60 岁儿子的日常对话

YIGE 90SUI MAMA HE TA 60SUI ERZI DE RICHANG DUIHUA

/ 李佳蓓

樊建川，收藏家，建川博物馆馆长、汶川地震博物馆馆长。除了这些身份，他的另一个身份是一个 60 岁的儿子，他有一个 90 岁的妈妈。妈妈和儿子的日常对话，很简单，很琐碎，母子俩讨论吃饭、穿衣、种菜、扫地……这些朴素的细节很打动人，很有川味儿。

妈说：大娃，来，吃两块潮糕。
我说：太甜了，医生让我少吃甜的。
妈说：小时候你偷了一块潮糕吃，我打了你一顿，忘了。
我说：记得呀，所以我不吃了。
妈默了一下说：你那是该打，现在不同了，别记仇了，吃一块吧。
于是，我就吃了一块。

妈说：大娃，吃柚子。
我说：不好吃，酸的。
妈说：去年酸，不等于今年酸。妈尝了，今年不酸了。
我心头想：绝不可能哟。
但是，又不好公然违抗，就说：吃嘛。
然后，在妈指挥下，摘了两个。
妈叮嘱：大娃，开胃通气的，酸也要吃，不准娇气，小时候，再酸你都能吃，人不能忘本。
噫，妈妈这"哄"与"诈"。

见我煮面，妈妈起身去摘葱子。

我说：这葱子还是嫩苗，长大了再摘嘛。

妈说：等不得了，我儿现在就要吃面。

妈说：大娃，你来。

我说：干啥子？

妈说：去铲土，把这几个花盆装满。

我说：装满干啥子？

妈说：栽点马齿苋。

我说：栽马齿苋干啥子？

妈说：清热解毒的，凉拌来吃，酸溜溜的，吃了好，特别是有痔疮的人，吃了更好。

我说：我又没有痔疮。

妈说：吃马齿苋可以预防三，否则你早就长起了。

我想，反正也说不过妈妈，于是，把土弄好了，就说：妈，我来栽嘛。

妈说：你看着，我自己栽。

妈说：大娃，你说，我种的菜，吃起安逸不？

我说：还可以。

妈说：还可以？你不晓得好歹哦！

我赶紧说：安逸，安逸，非常安逸！

妈说：这还差不多。

我默想，九十岁了，还这么虚荣。

下雨，妈妈扫水。

我说：妈也，九十岁了，您坐着，我来扫。

妈说：爬！

看我瓜起了。

妈又说：拜拜。

妈说：大娃，赶紧把秋衣秋裤穿起。

我说：这才一九，还没到三九。

没想到，妈飚了一条顺口溜：操哥操哥，拿钱不多，只图漂亮，不图热火。（需用川话念，才押韵）把我说笑了。

然后，妈妈补了一句：不过，我年轻时，都是穿单裤过的冬。

早上，我给妈妈说：这个房子已经几十年了，又漏的凶，我们四世同堂，也住不下了，搬个新房子嘛，我带你看一下。

妈说：新房子里头，有地种没得哎？

我说：当然有。

到了新房子了，妈妈又开始捡"破烂"了。

妈说：纸壳可以卖，这个泡沫板正好给小猫当床。

妈说：大娃，把这个剪开。

我一看是藿香正气水，就说：妈也，不消剪，你插管子吸就行了。

妈说：背你妈的时，又不是我吃，是喂鸭子吃，鸭子瘟了。

我说：杀了三。

妈说：别个带病还坚持下蛋。

于是……剪开……逮着鸭子……灌药……又灌水。

妈喃喃自语：反正我救你了，活不活，看你自己了。

我常对妈说：九十岁了，别干重活了……然而，根本喊不住，你一说，她马上给你毛起，甚至，扬言要出去"打工"。

星期一早晨，摔倒了，当时，一手拿三只碗，一手提暖水瓶。摔凶了，股骨骨折，我慌惨了，立即送她去医院。你猜，妈妈路上说什么？

妈说：大娃，我反应好快哟，一摔，我就保护碗和水瓶，碗和水瓶都是上好的……

我默，这种危急情况下的应急反应，符合妈妈一生节俭至极原则，已经融入她本能血液之中了。

别人搬家，妈妈去捡回来了一堆书，全是企业管理、心灵鸡汤方面的，我建议搬到博物馆的员工图书馆去。

妈说：大娃，就放在这里，这是我捡的，我要读。

我说：九十岁了，读这些书干啥子，我给你买了不少养生的书三。

妈说：养生的书，都是假的，我活了九十岁，我还不晓得如何养生？

我吃的菜，许多都是妈妈种的，妈妈说：大娃子，我种的菜，没用化肥，更没用农药，我要不在了，哪个给你种哟。

谢谢这位拥有很伟大很朴素人生观的老太太。 🆃🅉

● 西大街 97 号，省歌里外的两重天

/ 彭何

从四川省歌舞剧院（简称"省歌"）宿舍下楼去了趟二道街，CC 陈也晨吃了碗很爱的豇豆面。之后，换好练功服直奔剧场隔壁的排练室，开始了新一天的基本功训练。跳一个半小时的芭蕾，或者是上现代舞的技术课。

退休艺术家的号声、琴声时不时地在省歌大院响起。省歌食堂在院子的深处，只在中午开火。

12 点，舞者们端着盘子排队依次打饭。午饭结束，CC 特地绕道院里的花圃消消食，走两步，又回到宿舍，等待下午的编排训练。

沿着省歌大院紧凑的 L 型来了去，去了来。每天，如此反复。就围着大院，几点几线之间，还像大学一样。这样的生活，CC 已经在省歌过了 13 年，这也是几乎所有西大街 97 号大院舞者的生活节奏。

今年 6 月，三十好几的 CC 决定搬离宿舍，试着将工作和生活分开。而在美国学完舞蹈回国，曾在川大当老师的樱子年初进入省歌工作，她开始住进其中一间宿舍。

他们同样过着近乎单调但又出彩的舞者生活。

西大街 97 号，这是四川省歌舞剧院在地图上的确切位置。剧院红色的招牌竖着，省字头的招牌，分量不轻，有着一种特别的严肃。隔壁是新城市广场色彩多样、造型繁复的霓虹广告牌，它们分处两个时代。

1953 年，四川省歌舞剧院诞生。那是一个每个省都在组建歌舞剧院的时代。四川省歌舞剧院的诞生算起来比上海歌剧院都还早三年，出品过不少获奖剧目，出国演，也上春晚演。CC 和樱子所在的四川现代舞蹈团（简称"川现"）2014 年建团，隶属于省歌。

经常在新城市广场门口转车，我对那排绿树掩映中的红瓦红砖的房子印象深刻。等"四川省歌舞剧院"几个大字进入视线，望见一整面墙的装饰，入口却又和居民大院几乎没有差别……矛盾，冲突。

有天思斯也提起这个地方，她最近一直在川现学习体验现代舞，和那些歌舞演员沟通新一届当代艺术季的事情。来来往往之中，这座大院所特有的气质和生活氛围让思斯觉得"好有趣"。

"里面都是二三十岁、很年轻的艺术家，有的甚至从国外归来，他们在里面过着几乎与世隔绝的生活，但又做着现代舞这样的艺术，和国外的知名艺术家一起编排舞蹈，办着艺术季……我甚至想在他们的寝室住上一段时间。"

气氛从一进门就开始变得很不一样，像马上就要听到一个有着浑厚嗓音的男主持的报幕声——"请欣赏下一个节目 XXX，由四川省歌舞剧院选送。"

往里走，省歌门卫室的小提示牌蒙尘，工人正在给楼的外墙进行最后的粉饰。涂料将模糊这些建筑几十年的历史印迹。

仿佛一场时间穿梭。进到院子里，一座能够容纳近千人的剧场出现在眼前，外形方方正正，是典雅的欧式建筑体。有说是韩国专家设计的，也有说是朝鲜专家帮忙的。看起来苏联专家设计的可能性更大。

演了几十年，剧场里前些年刚换了灯光音响，保证专业度，椅子也不再是铁架子上放一块能够翻转的木板板。但里面的人们，还在用久违的大院生活方式和这个时代发生着碰撞。

CC 进省歌报道的那天，不起眼的入口没有让她感觉到难找。大门，一直都没怎么变过，"一直是那个铁框框。"CC 四岁起就开始在文化宫学舞蹈，一有空妈妈就带着她到省歌看音乐剧、儿童剧。

看的什么剧目已经模糊，CC 只记得有次妈妈相当生气，"我花些钱来喊你看剧，你居然在里面睡戳了。"

西大街 97 号大院里的生活，和外面的社会相比，这是另一个有着自己生态的小社会。安逸、舒适，饿不死，也撑不倒。

熏陶和训练是起作用的。舞蹈学校毕业之后，在武警文工团待了两年，CC 终于还是在 2006 年 9 月份走进西大街 97 号大院，成了省歌的一员。

她本想着毕业就直接进省歌，一个阿姨劝阻了 CC 的妈妈。那阵 CC 刚 17 岁，"这么早就到社会上，害怕我学些不好的，先到部队待两年。"

刚进团没几个月，CC 便在单位要了间宿舍，尽管家就在南三环。"不然所有的精力在路上就全部耗完了，只在周末回家一趟。"CC 这一住就是 13 年，从 19 岁到 32 岁。

省歌的宿舍直到现在都是免费提供。最开始，老办公楼改造的像标间的宿舍，两人合住，新人来没地儿，又加塞。在合住四年之后，CC 得以申请到一个单间。

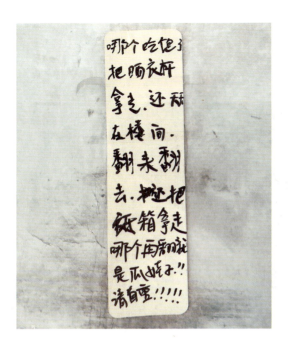

在北京发展了两年，2009 年的 2 月，刚过完春节，蓝震也决定到西大街 97 号试试。"同学都在省歌。"考团那天是蓝震第一次进省歌，"看见了一群跳舞的，有认识的也有不认识的，假装都不认识就走过去了。"

蓝震也在省歌的宿舍流动。最先住在二楼，和省歌自己的口腔医院不远，"那是给演员看嗓子的。"后来蓝震又搬到 3 楼，后又申请了板房。整个板房十几间屋子，洗澡上厕所都是公用，但好在是一个人居住。

年初住进省歌的樱子，她的宿舍在进大门左手边的套二。一个团员住一间，格局陈旧，时不时还能看见对面阳台的人家炒菜，像筒子楼的生活。楼梯间贴着一张遗失晒衣杆的启事，每个路过的初来者都会笑看两眼。

客厅是老款式的灯，厨房有土黄色的吊柜。刚搬进去那天，老式的布沙发，不要的杂物，樱子清理了一大堆。有人五百块改造一间宿舍，有人也像樱子一样花两三千重新布置一下，都是会长期居住的。

方便、不花钱。CC 和蓝震在省歌不大的院子里住了超过十年。从看剧的小姑娘到所谓的"圈儿内人"，CC 完成了自我角色在省歌的转变。省歌外面的世界，其实也发生了明显的变化。

"这是一个曾经辉煌和让人骄傲的艺术殿堂，这是一个曾经远赴中南海和联合国总部献艺的艺术团体。这曾经也是监狱隔壁的一个大院儿，那时歌唱家在练嗓，服刑的犯人就应和着……

"大院儿外的街上曾经密植着法国梧桐，每当深秋，地上就铺满了厚厚的、硕大的梧桐叶，干枯的叶片经过行人脚步轻踩，越发地分散到各处，城市潮湿的空气裹挟着忧伤的浪漫气息扑鼻而来……

"到了 20 世纪 90 年代中期，中国开始发生翻天覆地的变化……监狱已经搬走了，周围成了宽大的建筑工地，道路拓宽了，粗大的法国梧桐不见了踪影……"

这是成都青年剧作家常鸣所著小说《东大街 79 号》的场景。小说中虚构的南方歌舞剧院，现实的对应正是西大街 97 号的四川省歌舞剧院。

书中真真假假的发展情节，虚虚假假的爱恨情仇，有些也曾在省歌发生。隔壁新城市广场的位置，以前确实是监狱；西大街现在还是种了梧桐，只是没那么浓荫密布。

1991 年进团的蛋蛋记得最清楚，门卫室的那栋楼是自己的某个同学家承包修建的。后面六层楼高的家属院没修起来之前是一块空坝子。用来停车？20 世纪八九十年代好像也没有那么多车需要停放。

剧院领导都住在进大门右手边屋顶是红瓦的小楼里。"谐星沈伐也在省歌住过一段时间。"

最精彩的是四川现代舞蹈团排练室外面按摩椅的位置。

以前那儿有个职工俱乐部，摆着两张台球桌子。那里是大院儿八卦的集散地，永远有嚼不完的舌根。

比起外面的世界，歌舞院里还是要单纯得多。舞者们自称圈儿内人，西大街 97 号大院也确实是一个圈儿。

每天的生活都围着剧院，晚上食堂不开火，要么外卖，要么就在附近解决，偶尔也自己做。春阳水饺、烧菜，周围的馆子都吃遍了。

年轻的时候，周末，蓝震会和朋友去新城市广场的米乐星唱唱歌，也去九眼桥的酒馆喝喝酒。更多时候，蓝震还是待在宿舍打游戏，睡不着的某个凌晨一点，在宿舍的阳台上望着新城市喝醉酒的人。

女舞者没事无非是楼下楼上串门、摆龙门阵、喝点小酒，或者只是看看电视。要是当月演出挺多工资挣得也多，大家才相约出门搓顿烤鱼或火锅。吃完，又回到宿舍。

唯一算得上大院儿简单生活调剂的是看戏。刷脸卡进去，找个没人的位置。

也不是什么剧都要蹭看，看舞台装出来是什么感觉，"如果是传统剧或者儿童剧，问都不得去问。如果装置设计比较新颖，我们才去剧管部问今晚演啥，哪个导演的剧。"

大院儿里都是熟人。掌管食堂的林师傅手艺还可以，前段时间最爱炒猪肝。打饭的阿姨可能怕后面的人没有，每次总是打一点点，虽然也可以随便添饭。

每天在院子里过上过下，很多以前退休的老演员面孔也都熟悉。"只是不知道他以前是唱歌的、搞乐器的，还是演舞剧的。"

除此之外，全都是属于舞蹈的时间，并沉浸其中。

排练，相互给对方编排新动作，和新入团的团员磨合已有作品……每个月川现都会集中上赏析课，看看国外新出的剧作品，感受别人的编排和设计。"一部剧大概一个多两个小时，结束后还要交流分享各自的体会。"

以色列现代舞编导大师 Yoram Karmi 的原创舞剧《根》周五、周六刚刚结束在金沙剧场的两轮演出。很快到来的 10 月，川现又将到北京进行演出。

同时进行的还有省歌舞剧出品、川现发起的四川当代艺术演出季活动。邀请国内外的大师来大院开工作坊，也提供课程给对现代舞感兴趣的普通人。

在社会生活的经验和资讯的获得上，大院里的人普遍稍微滞后。但是在专业经验上，都走在前面。整个中国目前都没有几个地方有省一级的现代舞蹈团，四川省歌舞剧院的四川现代舞蹈团是其中之一。

刚进剧院面浅，为迎接很快到来的第一次考核，CC 独自在宿舍排练舞蹈。第一个成品舞，二十几个女娃娃，"三角形的队伍，我在最角落里。老师教动作根本不知道教的什么，很委屈，包起眼泪花学完。"

一排一排递进，CC 还算快地从倒数第一排进到了第一排。从民间舞转到现代舞，CC 成了川现的老资格，三十好几的年龄，还能跳，但也有点跳不动了。

去年开始，CC 有了一些犹豫，要不要换个环境，十几年天天待在这里，"这些事这些人，一种从来都没有离开过的感觉。"

"可三十几岁了，出去又不知道自己能干什么。外面是个什么样也不清楚，没有时间接触。"希望了解外面的社会信息，CC 有意识地在空闲时更多约圈儿外的朋友。

但现实是，社会上的信息，CC 仍然只从身边的几个朋友处得来，"我自己没有时间没有渠道去探索，慢慢觉得我这十几年就一直在这样一个框框里。其实还是要保持一些自己私人的空间。"

今年 6 月，她不住宿舍了。CC 试着搬出去，远离这种比较舒适安逸的环境。每天 7 点过起床，赶着时间到剧院上班。

如果下班早，每天回去自己做饭。"以前晚上一顿要吃三十几块钱，我现在二十几块买一大包菜，可以吃好几天。"

蓝震也搬回家住有两三个月了。早上 7 点 20 出门，下班健完身就回家，每晚 11 点睡觉。更加规律，总给自己一些时间的紧迫，再也不像以前住宿舍那阵，起来洗把冷水脸就下楼练基本功，不用担心迟到。

更加年轻的、新进来的人，还是住在大院的宿舍里，是必经的过程。在外租房，一个月工资的大头其实就没了，新人谁都能算这笔账。

旧人，有人转行，有人跳槽，CC不想就那样走了。"想放弃，也舍不得。以前很躁，从跳了现代舞以后，我内心要平静很多。"

"这个舞种需要比较多的思考，像传统舞，很多打酱油的，动作编好，模仿着学就完了。现代舞需要我们自己创造，需要用到脑壳。"

但现代舞的动作又没什么规定，没有对错之分，只要是你能做到的极限，你认为是美感的表达，就是正确的。"不像传统舞有一个框。"

框，打破一个又一个的框。

在四川现代舞蹈团成立的前三年，舞蹈家金星是川现的艺术总监。那段时间，每一年金星都会将CC他们带到上海去一两次。"金姐觉得成都太舒适，太安逸了，要把我们带到上海紧一下螺丝。"

"大年三十是在金姐屋头过的年，大家一起包饺子，还是好耍。"那是2015年的春节，"我们的第一次作品3月8号要在成都演出，那年的春节恰好是2月中旬。金姐觉得时间不够，和我们商量，今年不在家过春节，到上海去排练。"

每天从住处出发，坐地铁到金星的舞团所在地，"每天都是被人推上地铁的，散起走根本不可能，全都走得很快。"

2017年的6月，在川现三年期汇报考核后，金星说："最感动的是演员们坚持下来了，西南地区现代舞这片荒土终有人开垦。"

破框立新。又过了两年，现在已是2019，这片荒土似乎开垦得还不错，更加枝繁叶茂。∏

● 啊，这个悟空，喜欢喜欢喜欢

A, ZHEGE WUKONG, XIHUAN XIHUAN XIHUAN

/ 胡琴

你可能在 whatever 咖啡馆看到过她设计的狗年周边，在明堂瞟过一眼她设计的一周音乐海报，在一介的小展上欣赏过她的作品《无意义的梦》，或者在微博上看到过她给音乐厂牌画的演出海报，甚至买过她和 Ground Ooh Art 合作的新年贺卡。

她就是徐悟空，23 岁，邛崃人。不庞大、不耀眼、不前卫，也不酷，但是看过几张她画的海报之后，就被她深深吸引了。

悟空私下自己画着玩儿的插画跳跃、有趣、放松。因为不受限制，想怎么画就怎么画。

和悟空联系上的时候，她正和一群朋友在韩国的书店闲逛。接下来几天，她的朋友圈更新了几张照片，照片里的小姑娘们没有用美颜和滤镜，搞怪的肢体、夸张的表情都在告诉我，这群"95后"有点特别。

所有去韩国的女生都会去血拼衣服和化妆品，但是这些完全不在悟空的计划内。在她看来，化妆是一件比画画还要难的事情，至于买衣服，她只喜欢古着店的东西。这次去韩国只有两件事情：探店、听演唱会。整理行李的时候发现，这次收获满满，虽然花了好多钱，但是买到了好几本喜欢的书和唱片。

悟空2017年大学毕业，从珠海回到了成都，她的专业是动画。动画和插画有联系吗？悟空尽可能简单地解释给我听，"动画可以让平面的东西动起来，很好玩，但是自己太懒了，不想动。"我搜索了一下，在和悟空的聊天记录里，她总共批评了5次自己懒，说了3次怕累不想做。

悟空的画很有自己的风格，大面积使用鲜明活泼的颜色，勾勒的文字和图案都是看起来特别幼稚的笔触。她有一种魔力，就算只画了几笔非常简单的圆圈横线，组合在一起都会特别乖。虽然现在的悟空对色彩排列组合很成熟，但曾经在学校的考试中，色彩课程往往是她的最低分。"以前我用不来颜色，弄出来的颜色很脏，好蠢噢。"悟空批判起自己毫不留情。

但是最近两年，她的色彩开关似乎被打开了一样，就连红配绿这种土味的颜色，她都能处理得好看。

这是为什么呢？在我的追问下，这位追星女孩逐渐露出了真面目。

多数情况下，悟空说话都比较冷静，只有提到她喜欢的乐队Hyukoh的时候，她会毫不犹豫地打出5个"啊"来表示内心的激动。她去韩国的首要目的，是去听Hyukoh的现场。这是一个四人组合起来的韩国独立乐团，成员们沉默寡言，和王菲一样，整场演唱会下来可能只能听到"谢谢"两个字。"怪异"的打扮下，带来的却是温柔迷人的声音。

23 岁的悟空觉得 Hyukoh 给了她特别多的能量，启发了她的思考。追星带给悟空的成长，最直接的表现就在于爱豆给了她源源不断的创作灵感。她私下可是悄悄为 Hyukoh 画了不少作品。

我问她：如果有一天 Hyukoh 找你帮他们画演唱会海报咋办？

悟空说："会疯掉。"

虽然 Hyukoh 还没有找到她，但是不少厂牌非常喜欢悟空的海报风格。

画音乐海报也不简单，开工之前她会先去找各种相关的资料了解音乐人，不断听他们的歌，然后再把自己置身于他们创作的歌曲里，这样脑中就有了一些画面。不过偶尔悟空还是会被甲方气到哭，在她看来很简单的元素就足够表现了，而对方觉得她在敷衍，没用心。能怎么办呢？哭完了再继续改咯。

我问悟空：为什么感觉你很多插画看起来就像小朋友画的一样？

她说：我特别想用小朋友的方式画画，很轻松自在，更佩服小朋友的想象力！可不可以把我变成 7 岁小孩？ 🔲

People who want to see this picture can feel the greatest happiness.
©2018 Monkee All rihgts reserved.

● 大学路一号院改造事件

DAXUELU YIHAOYUAN GAIZAO SHIJIAN

/ 康筱韵

大学路一号院里挂起了小灯，路过的老人家们喃喃自语："挂灯准备过节嗦。"事实上并没有任何节要过，这只是一介工作室和社工们合力帮助社区改造老居民大院的最后一步。

"你们不是说晚上光线暗吗，是在给你们装灯。"社工小敏回答。

改造前

改造后

几个月前，你很难把这群年轻人的日常和这个老居民院联系起来。

"一介"是一个集咖啡、展厅和设计工作坊为一体的"新"空间，它的主人张唐和 Jinger 是两位有着高学历的年轻海归，一个学建筑设计，一个学市场营销。她们用咖啡作为引入，在这里办起一个又一个小展，做最平易近人的艺术（Art for everyone）。

大学路一号院则是一个高龄小区，巨大的老年活动中心宣告了这里的主要组成人群，天气好的时候，门口的几条长凳上也一片蓬勃——长满了晒太阳的老人。

老人背后的公共区域则和成都所有上了年纪的居民院一样，像是夏天的潮湿土地：总会有一些无法追溯来源的家具和物件如雨后的蘑菇般兀独独地"生长"出来。就算搬走它，没过多久，在同一个位置还是会"长"出其他的玩意儿来。

"一介"和大学路一号院的日常关联近乎无，强行一点似乎只有"社区"二字："一介"是开在老社区里的艺术空间，而大学路一号院是老社区里的老居民院。但也正是"社区"二字，让这看似不相搭的两个空间发生了关系。

"迫使"两个空间发生关系的是跳伞塔街道南虹村社区和四川光华社会服务中心的社工小敏。当小敏在社区委托下找到"一介"时，张唐和 Jinger 没有思考太久就答应下了这几乎没有报酬的改造邀约。

改造前，过时的斗柜、掉漆的四腿木餐桌……只要出现其中一样，紧接着就会有机麻室淘汰的脱皮靠椅、祖祖都嫌它老的大书桌。以及古早半自动洗衣机蜂拥而至。见缝插针地把并不宽裕的公共空间塞得满满当当。小区的居民要是想到院落尽头去拿个快递，需要从缝缝里找路——贴墙绕着走。

要是遇到雨天就更艰难，一半水泥一半瓷砖的地面湿滑无比，要是一个不小心脚下打滑，甚至有可能会脸朝下贴地飞行。蓝色的雨棚更是给整个空间蒙上了巨大的滤镜，采光欠佳，让人感觉胸闷压抑 阳光再好的天气，只要坐进雨棚的阴影里，大家的脸色都显得十分冷漠。

老居民院，墙壁斑驳就不用兑了；院子里飞来走去、到处裸露的电线更是安全隐患。从环境、预算，以及与居民的沟通结果出发，"一介"设计团队给出了设计方案。

"一介"和社工小敏深度参与到了改造中来，从沟通到设计，再到亲自上阵画网格涂墙绘，他们甚至自己梳理和总结了改造过程中的每一个念头和步骤，并把它们放进了一本名叫"大学路一号——南虹村社区更新计划"的小册子里，这里记录着改造的每一个细节：

社区的人情味建立在整洁、美观、有序的基础上。将绝大部分的预算用于将原本蓝色的雨棚换成光线环境更为舒适的半透明雨棚；将破旧的墙面补修，将凹凸不平的地面重新铺整。

管道装置：将暴露在室外的电线等进行了梳理，并根据使用需求重新整理，让空间更加整洁美观的同时排除了安全隐患。在地面上绘制了 60 厘米间隔的网格。公共空间里存在大量杂乱不一的家居物品，网格可以在视觉上起到整体统一，起到有条理性的效果。可以引导使用者以网格为参照，将物件摆放整齐。

在现场驻扎的那段时间，他们发现小区的外卖小哥和访客特别频繁，进来的第一句话就是"x 栋在哪里？"。于是"一介"灵机一动，在墙面上画了一个可爱生动的小区地图。有了地图，大家更清楚地了解了自己所居住的小区，也更有了群体归属感。

最后，他们在改造后的空间里挂起温暖的小灯。挂灯那天，"一介"的 Jinger 在朋友圈说："今天挂上了小灯，居民们很开心。"虽然无法看见她打下这排字时脸上的表情，但我能感觉到，她也开心。

改造完成的第二周，我就跟着"一介"的小伙伴去参观了拥有全新面貌的大学路一号院。

那是个阴天，但一走到大院门口，小伙伴们还是惊了一跳："嗬哟，今天咋个坐那么多人。"明亮的雨棚下满满当当地坐了两排老人，我们从中间穿过，就像在走一场人气很旺的秀。改造时挪开的物件又搬回来了一些——当然，是经过了一定程度上的"断舍离"之后整齐地摆进了地面线框里。只是，和刚改造完时还是有一些变化，"少了一些东西，也多了一些东西。""一介"的凯西说。

少的，是一些无法再次利用的杂物和私人物品；多的，则是居民自发放进空间的植物。

正如"一介"和社工们所说的那样：居民们真正参与到了"社区营造"中来。

碍于预算的限制，改造工作主要落在了非常实际的地方：为了不滑倒而改造地面，为了更明亮而更换雨棚颜色、挂上小灯，为了更安全将电线收进管道中，为了让大家有自觉保持整洁的习惯在地上画满方格……

老实说，当你身在其中但没有人刻意告诉你这里发生了什么时，你会觉得这些改变是很细小的。但我仍然认为他们做的这件事情很了不起。

首先，他们真正地把看起来距离老居民院的生活很远的"设计"的概念带进了社区，落地到居民生活中来。"一介"向居民们展示了原来墙绘不仅只有他们习惯了的花花草草、福娃、标语，也可以是可爱调皮还具有实用意义的。

他们展示了电线的整理不是只能横平竖直靠墙走，而是能有更为实用且美观的解决方式，设计不是虚无缥缈的概念，而是真正能帮助到生活。

其次，他们让我放下了偏见——当场我非常狭隘地问了设计师张唐一个问题：会不会担心上了年纪的居民们不接受这样的审美，毕竟我们对小区的改造包括墙绘的固有印象都是花哨且喜庆的。

她显得十分平静，"很多时候他们不是不接受这样的审美，只是不知道除了这样（花哨喜庆的）还可以怎样做，我们没有给他们选择。有了新的选择，他们发现了这样是好的，也就接受了。在这次改造过程中，我们就遇到很多审美很不错的叔叔阿姨，也给出了一些很好的建议。"

改造后的满意度印证了她的话。下班回来的阿姨看到了新的墙绘细细打量："这不是我们那栋楼的嘛，楼上还趴了只怪兽，好安逸哦。"

我也强行坐在老人家中间尬聊了两分钟，得到的都是诸如"可以啰""咋不满意嘛，满意得很"的好评，有个老人还边说边比画："现在抬头就可以看到太阳，红彤彤的这么大个！"

当然也有不是那么满意的叔叔，但他也不是在批评，而是认认真真地告诉了设计师还可以怎么样进一步改善……

满意和建议都是重要的。当所有人都主动地参与到社区改造中来，都开始思考怎么让设计为自己的生活服务时，"一介"和社工们的目的——希望设计能起到"引导"的作用，让社区在每一个主人的使用和关怀下，自然有序地生长。

让设计在社区中发芽，这似乎只是件小事，但也是一件了不起的小事。 🆃🆉

● 来，认识一下这个画娃娃儿的

LAI, RENSHI YIXIA ZHEGE HUA WAWAER DE

/ 康筱韵

天台、旧楼、漫画，肥猫、酒精、画家。把这些元素堆叠在一起，画面像极了一部色调微黄、节奏缓慢的日本电影。只不过，这部"电影"的剧情发生在成都，发生在致民路一栋老楼的天台上。

当我找到这群人，希望他们能用一群漫画家热血又励志的剧情让我热泪盈眶时，带头那位扎着小辫儿、压着发箍、名叫吴青松的男子放下毛笔，一巴掌拍碎了我的幻想，嬉皮笑脸地说："什么漫画家呀，我就是个画娃娃儿的。"

吴青松在他的微博上（@ 大风刮来的吴青松）发布了漫画作品《山海戮》第一卷第一话。晚上 9 点 47 分发布，仅仅一晚上的工夫转发量就超过了 4000 次。

和明星动辄上万的转评赞比起来，这个数字也许不算什么。但是对于一个初始粉丝只有不到一万的未成名漫画家和一个发展得还不太理想的国漫市场来说，这样的关注度绝对是顶级的。

随便看几个画面，你也许就能大致了解这部漫画为何会引爆惊喜——画面已经精致到可以单独打印出来挂在家里。

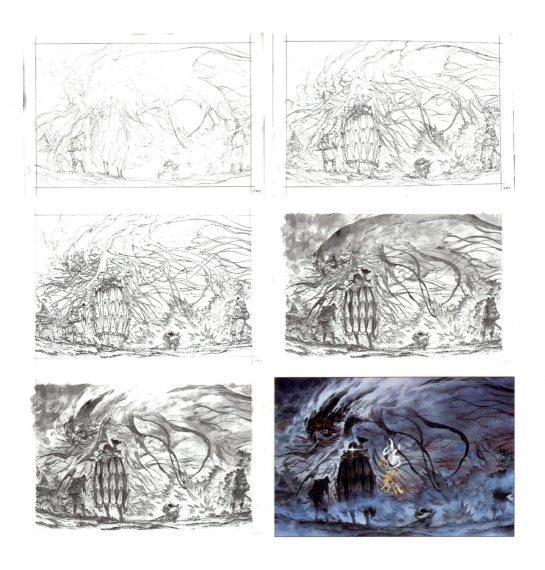

《山海戮》中的每一格，吴青松在细节的打磨上都很认真。

海报就更震撼了，每一张图都看得全身直冒鸡皮疙瘩。他曾在哔哩哔哩开过直播，你能清楚地看到他是怎么把人物形象一步步呈现出来的，毛笔一挥，呼啦啦就渲染出了这混沌繁复的氛围，他的漫画分镜细致，要是《山海戮》有一天能成为电影，导演甚至可以直接就拿着他的原始分镜开拍。《山海戮》并不是他唯一惊艳的作品，从 2010 年起，他的作品《石秀》就在法国连载出版，等他签绘的巴黎人民排了很长的队伍！

另外一部正在酝酿中的作品《九命·踏血行》，概念海报也很磅礴。

如此大神就藏在成都闹市中。

上次去到大风漫画工作室时，吴青松正准备和他的天台小伙伴们锻炼身体。

包括吴青松在内，这个天台上的小小工作室共有6位漫画家。他们所在的老楼四周被更高的居民楼所包围，说是天台，更像一个洼地。暴雨即将落下的盛夏傍晚，目击一群半裸男在四周邻居有意无意的注视下放飞自我地扭动身体，感觉相当魔幻……我脑海里的日剧画面算是彻底碎裂。

大风漫画工作室原本只有吴青松一个人，《山海戮》正式启动后，才召集了道长、馒头。后来又有了借用工作室的困困、希子和强哥，最终组成了一个松散的团队。

吴青松川美毕业后就去报社当了美编，每天的工作是设计画面、排版布局，偶尔提起画笔舞两下，还能顺便收获一波粉丝。这样的工作和生活稳定，也没什么压力，但他却越来越焦虑——再不把那个在他大脑里存在了快十年的世界放出来，就来不及了。

"都36岁了，想象力和创造力开始下滑了，如果再不做，就没得搞了。"

所以，他在36岁"高龄"裸辞，一心扑到了他的漫画世界里，这股冲动倒是颇有年轻人的心气。孤注一掷，吴青松的《山海戮》野心很大，他想用画笔"搞"出一个庞大的东方奇幻世界。从已发布的前三话来看，这个世界显然和《山海经》有着不少关系，充满奇珍异兽，怪力乱神……

吴青松扬扬得意地指着漫画口的一张面具说："漫画里每一个设定都不是空穴来风。比如这个面具，其实有着很深很深的含义，我现在不好剧透，但当读者看到那个地方，会发现它背后有着深厚的中国传统文化根基，这些东西和故事走向也有关系。"

我问吴青松，需要看多少书才能立起一个如此巨大的世界、塞进如此多的传统文化？

他摇摇头，无法回答。"这要怎么算呢？我现在画的内容是我三十多年人生经验累积下来的东西。人的积累就像泥土，灵感就是其中冒出来的嫩芽。每一个生活的细枝末节都有可能成为这个世界的一部分。"

正式开始连载《山海戮》之后，吴青松发生了一些变化。以前的他，画画时困了喝可乐，饿了吃泡面；现在健壮了许多，不仅有了天台锻炼时间，还吃起了健康餐，原因竟然是因为……"怕猝死"！"我可不能早死，我脑袋里的东西运够我画个十年八年呢，在画完之前，我怎么也要健康地、好好儿地活下去！"

图书在版编目（CIP）数据

小隐于市 / 谈资主编 . -- 成都 : 成都时代出版社，

2020.5

（@ 成都）

ISBN 978-7-5464-2559-7

Ⅰ . ①小… Ⅱ . ①谈… Ⅲ . ①地方文化－成都 Ⅳ .

① G127.711

中国版本图书馆 CIP 数据核字（2020）第 041580 号

小隐于市
XIAOYIN YU SHI

谈资　主编

出 品 人　李若锋

责任编辑　李卫平

责任校对　李　佳

责任印制　张　露

封面设计　郭　映

装帧设计　成都九天众和

出版发行　成都时代出版社

电　　话　（028）86742352（编辑部）

　　　　　（028）86615250（发行部）

网　　址　www.chengdusd.com

印　　刷　成都市金雅迪彩色印刷有限公司

规　　格　170mm×220mm

印　　张　11.75

字　　数　230 千

版　　次　2020 年 5 月第 1 版

印　　次　2020 年 5 月第 1 次

书　　号　ISBN 978-7-5464-2559-7

定　　价　58.00 元